Inhalt

1. Lieben, denken, arbeiten

Sie denken ungern an andere? Andere zu lieben ist Ihnen zu kompliziert? Sie denken ungern nach und arbeiten ungern? Sie ziehen bequeme und simple Lösungen vor, anstatt erst aufgrund von viel Arbeit und Nachdenken die beste Entscheidung für alle zu fällen? Dann haben Sie das falsche Buch in der Hand! Aber halt! Dann sind Sie auch keine christliche Führungskraft. Denn auf die bequeme Tour sind Sie sicher nicht in eine Leitungsaufgabe gekommen. Sie wären keine Führungskraft geworden, wenn Sie nicht gerne an andere dächten und Ihnen Nachdenken und Arbeiten nicht Freude bereiten würden. Und wenn Sie sich zudem als „christliche" Führungskraft verstehen, ist Ihnen sicher klar, dass Sie noch mehr lieben, denken und arbeiten wollen und sollen als andere. Denn Jesus Christus ist auch nicht auf die bequeme Tour unser Herr geworden, sondern indem er bis zur Selbstaufopferung alle seine Qualitäten in den Dienst der Menschen gestellt hat.
Bevor wir uns der Frage der konkreten Entscheidungsfindung zuwenden, wollen wir zunächst drei Grundlagen schaffen. Drei Dinge sind nämlich Voraussetzung für alles Folgende: 1. die Bereitschaft zum Lieben, 2. die Bereitschaft zum Denken, 3. die Bereitschaft zum Arbeiten. In allen drei Fällen wollen wir damit beginnen, dass Gott selbst liebt, denkt und arbeitet. Wenn Ihnen dies alles bereits klar ist, können Sie auch direkt mit der Frage der Entscheidungsfindung in Kapitel 2 beginnen.
Eine Reihe von Absätzen ist mit *„Wie ist das einer säkularen Umwelt zu vermitteln?"* überschrieben. Hier finden sich im laufenden Text Beispiele und Ideen, wie man christliche Überzeugungen mit Menschen erörtern kann, welche die Grundlagen und die Sprache des christlichen Glaubens nicht teilen. Damit will das Buch das über die Notwendigkeit des Übersetzens normativer Werte in die reale Situation Gesagte (Kapitel 2.2) selbst beherzigen. Es soll damit nicht eine Spaltung von „Leben im Glauben" und „Leben in der Welt" begründet werden, im Gegenteil: Der praktische Vollzug unseres Glaubens im Alltag soll gefördert werden. Die Überschrift „Wie ist das einer säkularen Umwelt zu vermitteln?" bezieht sich jeweils nur auf den einzelnen Textabsatz.
Daneben sind Absätze mit der Überschrift *„Beispiel aus dem wirtschaftlichen Bereich"* (oder familiären, kirchlichen, staatlichen Bereich) über-

schrieben, die konkrete Beispiele aus den in Kapitel 2.2 beschriebenen vier Lebensbereichen liefern. Da die Grundzüge ethischer Entscheidungen in allen Lebensbereichen gleich sind, sollen diese Beispiele helfen, den Sprung von vertrauten Lebensbereichen in Neuland zu bewältigen.

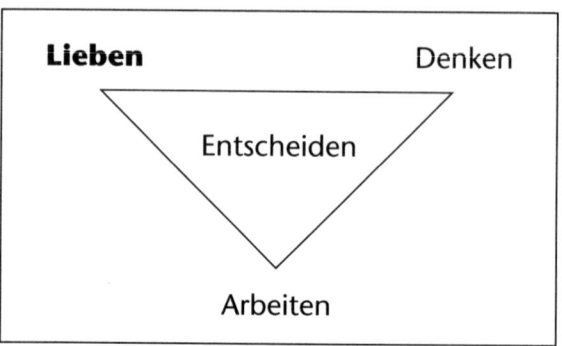

1.1 Christliche Führungskräfte lieben gerne

Gott liebt

Christliche Ethik[1] ist Liebesethik, denn „Gott ist Liebe" (1Joh 4,8.16). Er ist „der Gott der Liebe" (2Kor 13,11) und Jesus ist „die Liebe Gottes unter uns" (1Joh 4,9). Deswegen hat die Liebe im Wesen Gottes ihren Ursprung: „die Liebe ist von Gott" (1Joh 4,7). Zugleich hat Gott „Lust an der Liebe" (Hos 6,6). Deswegen ist es dasselbe, „in Gott" zu sein und „in der Liebe" zu sein: „Gott ist Liebe; und wer in der Liebe bleibt, der bleibt in Gott und Gott bleibt in ihm" (1Joh 4,16).

Für die Verankerung der Liebe im Wesen Gottes spielt die Dreieinigkeit eine wesentliche Rolle. Zur Liebe gehören immer min-

---

[1] Ich habe mich mit vielen der in diesem Buch angesprochenen Fragen ausführlich aus dem Blickwinkel der theologischen Ethik in meinem Werk „Ethik" (2. Auflage, 3 Bde, Hamburg 2001) beschäftigt. Wer also statt der Konzentration auf praktische Fragen der Entscheidungsfindung grundsätzlichere Diskussionen wünscht, sei darauf verwiesen.

destens zwei, gehört immer ein Gegenüber. Ein nicht dreieiniger Gott kann deswegen erst lieben, wenn er sich ein Gegenüber geschaffen hat. Deswegen haben es andere monotheistische Religionen wie das nachbiblische Judentum oder der Islam viel schwerer, die Liebe als ewige Wesenseigenschaft Gottes zu beschreiben, die auch schon vor der Schöpfung vorhanden war. Der dreieinige Gott der Bibel hat jedoch von Ewigkeit zu Ewigkeit das Gegenüber der Liebe in sich selbst. So beschreibt Johannes 17,24 die Liebe des Vaters zum Sohn vor der Erschaffung der Welt: „Vater ... du hast mich vor Grundlegung der Welt geliebt."

Deswegen ist die innertrinitarische Liebe der Inbegriff der Liebe und Ausgangspunkt jeder christlichen Liebe und Ethik. Die Personen der Dreieinigkeit reden miteinander, planen miteinander, hören aufeinander, handeln füreinander, sorgen füreinander, ehren einander usw., und alle diese Handlungen sind deswegen bei Gott und auch bei uns Menschen auf die Liebe bezogen. Wenn der Mensch als Ebenbild Gottes reden, denken, planen, handeln und sorgen kann, so sind alle diese Eigenschaften und Fähigkeiten von Anfang an auf die Liebe ausgerichtet. Karl Bernhard Hundeshagen, Rektor der Universität Bern, schrieb dazu schon 1853: „Es ist die unermeßliche Culturbedeutung der christlichen Lehre von der Dreieinigkeit in Gott, daß in ihr die Bedingungen gegeben sind, den Humanitätsgedanken vollständig zu verwirklichen."[2]

Wie ist das einer säkularen Umwelt zu vermitteln?
Die Schöpfung baut auf Beziehungen auf, und deswegen sind alle Werte von der Liebe als vollkommener Beziehung untereinander bestimmt. Es geht darum – wie es der Bundeskanzler und die Bundesminister etwa bei ihrer Amtseinführung beschwören –, Schaden für andere und uns selbst abzuwenden und den Nutzen für andere und uns selbst zu fördern. Es gibt keine Werte, die unabhängig von Beziehungen an sich sachlich bestehen. Alle Werte sind eingebettet in die Tatsache, dass der Mensch unfähig ist, völlig allein zu leben – man denke nur daran, dass Isolationshaft die schlimmste Art der Folter ist! Die berühmte Goldene Regel Jesu macht deutlich, dass wir nur leben

---

[2] Karl Bernhard Hundeshagen, Ueber die Natur und geschichtliche Entwicklung der Humanitätsidee in ihrem Verhältnis zu Kirche und Staat, Berlin 1853, S. 29; vgl. die Würdigung des Zitats in Theodor Christlieb, „Carl Bernhard Hundeshagen: Eine Lebensskizze". Deutsche Blätter 1873: S. 673–700, hier S. 698.

können, wenn wir für andere leben und andere für uns leben: „Alles, was ihr wollt, dass euch die Menschen tun sollen, das tut ihr ihnen auch!" (Mt 7,12).

Das Liebesgebot:
Die Liebe als Erfüllung der Werteordnung

Aus der Liebe Gottes[3] ergibt sich das Liebesgebot. Wilhelm Lütgert schreibt in seinem grundlegenden Buch über die Liebe im Neuen Testament: „Mit dem Liebesgebot wird gesagt, daß Liebe Pflicht ist. Sie wird gefordert und ist Gehorsam. Dagegen wird eingewendet – diesen Einwand hat vor allem Kant sich zu eigen gemacht –, gebieten kann man nur äußere Handlungen, aber nicht Liebe."[4] Schließlich sei die Liebe doch eine freie Willensentscheidung und ein tiefer, innerer, fast unbewusster Trieb. Dem widerspricht Lütgert nicht einmal, sieht aber gerade deswegen Liebe als etwas an, das wir nicht selbst schaffen können; Liebe setzt einen Gott der Liebe voraus: „Daher kann Liebe nur der gebieten, der sie erwecken kann. Sie ist zunächst etwas Gegebenes, ehe sie etwas Gebotenes ist. Sie ist Gabe, ehe sie Aufgabe ist, sie wird geschenkt, ehe sie gefordert wird. Denn sie entsteht nur aus Liebe und ist immer Gegenliebe. Darum kann sie nur Gabe des Schöpfers sein, ein Widerhall seiner Liebe, die als Liebe des Schöpfers selbst schöpferisch ist. Für die Liebe gilt die Regel des Augustinus[5]: Gib, was du forderst, und fordere, was du willst."[6]

Das alttestamentliche Doppelgebot der Liebe, Gott und den Mitmenschen zu lieben, steht deswegen schon im Zentrum des alttestamentlichen Gesetzes, wie besonders Martin Luther in seiner Auslegung der Zehn Gebote in seinem Kleinen Katechismus immer wie-

---

[3]   Die besten mir bekannten Untersuchungen zum Begriff „Liebe" im NT sind: Wilhelm Lütgert, Die Liebe im Neuen Testament, ND Gießen 1986 (Leipzig 1905) - kurzgefasst in Wilhelm Lütgert, Schöpfung und Offenbarung, ND Gießen 1984 (Gütersloh 1934), S. 375-398; Leon Morris, Testaments of Love: A Study of Love in the Bible, Grand Rapids (MI) 1981; Benjamin B. Warfield, „The Terminology of Love in the New Testament". The Princeton Theological Review 16 (1918): 1-45.153-203, abgedruckt in Benjamin B. Warfield, Biblical Doctrines, Edinburgh 1988 (ND von 1929), S. 511-597.

[4]   Wilhelm Lütgert, Ethik der Liebe, Gütersloh 1938, S. 30

[5]   Die folgende Bitte richtet Augustinus an Gott.

[6]   Ebd.

der deutlich gemacht hat[7]. Es handelt sich dabei nicht um zwei getrennte Gebote, sondern eigentlich um dieselbe Sache[8].

Dementsprechend ist das Gebot zur Liebe nicht irgendein Gebot, sondern jedes Gebot und jede Entscheidung gewinnt seine Bedeutung aus der Liebe und ist auf Liebe ausgerichtet[9]. Paulus schreibt deswegen: „Das Endziel des Gebotes ist Liebe aus reinem Herzen und gutem Gewissen und ungeheucheltem Glauben" (1Tim 1,5); und an anderer Stelle: „Seid niemand irgendetwas schuldig, außer einander zu lieben, denn wer den anderen liebt, hat das Gesetz erfüllt. Denn das ,Du sollst nicht ehebrechen, du sollst nicht töten, du sollst nicht stehlen, du sollst nicht begehren', und wenn es irgendein anderes Gebot gibt, wird es in diesem Wort zusammengefasst: ,Du sollst deinen Nächsten lieben wie dich selbst'. Die Liebe tut dem Nächsten nichts Böses. Also ist die Liebe die Erfüllung des Gesetzes" (Röm 13,8-10). Die Liebe ist die Erfüllung des Gesetzes, weshalb es eigentlich nur ein einziges Gebot gibt, nämlich zu lieben (Röm 13,8). Wer wirklich Liebe übt, wird das Gesetz „automatisch" erfüllen. Paulus zitiert als Beispiel vier der Zehn Gebote (Röm 13,9), das zehnte Gebot dabei in Kurzfassung („Du sollst nicht begehren").

Paulus fügt jedoch zu den Beispielen aus den Zehn Geboten gleich hinzu: „und wenn es irgendein anderes Gebot gibt" (Röm 13,9), so dass er prinzipiell alle Gebote und Ordnungen meint. Alle Gebote sind also in dem Satz „Du sollst deinen Nächsten lieben wie dich selbst" zusammengefasst (Röm 13,9). Dieser Satz stammt aus dem alttestamentlichen Gesetz selbst (3Mose 19,18). Dass die Liebe die Erfüllung des Gesetzes ist, ist also nichts, was im Neuen Testament neu hinzukommt, sondern bestimmt bereits das Wesen des alttestamentlichen Gesetzes selbst. Die Zehn Gebote sind nur Ausführungsbestimmungen des Liebesgebotes, denn wer Gott liebt, wird nur ihn verehren, und wer den Nächsten liebt, wird ihn nicht töten, bestehlen oder belügen.

Jakobus verwendet dasselbe alttestamentliche Zitat, um den Sinn aller Gebote zusammenzufassen und die Zehn Gebote aus der Liebe zu erklären. Nachdem er in Jakobus 2,1-8 über praktische Beispiele der Benachteiligung armer Christen in der dortigen Gemeinde gesprochen hat, fährt er fort: „Wenn ihr wirklich das königliche Gesetz

---

[7] Ulrich Asendorf, Die Theologie Martin Luthers nach seinen Predigten, Göttingen 1988, S. 305-314.406-417, hat gezeigt, dass dies auch in ungezählten Predigten Luthers zum Ausdruck kommt.

[8] Dies begründet Johannes ausführlich im 1. Johannesbrief (bes. 1Joh 4,4–5,3).

[9] Vgl. dazu vor allem Wilhelm Lütgert, Die Liebe im Neuen Testament, aaO., S. 82-85.

‚Du sollst deinen Nächsten lieben wie dich selbst' nach der Schrift erfüllt, so tut ihr recht. Wenn ihr aber die Person anseht, so begeht ihr Sünde und werdet vom Gesetz als Übertreter überführt. Denn wer das ganze Gesetz hält, aber in einem strauchelt, ist an allen Geboten schuldig geworden. Denn der gesagt hat: ‚Du sollst nicht ehebrechen', hat auch gesagt: ‚Du sollst nicht töten'. Wenn du nun nicht die Ehe brichst, aber tötest, so bist du ein Gesetzesübertreter geworden. Redet so und handelt so wie solche, die durch das Gesetz der Freiheit gerichtet werden sollen" (Jak 2,8-12).

Wer eine Mauer an einer Stelle übersteigt, ist über die ganze Mauer gestiegen. Und diese Mauer des Gesetzes ist das Liebesgebot, das man an vielen Stellen übersteigen kann. Der Ausdruck „das königliche Gesetz" meint dabei das Gesetz, das alle anderen regiert bzw. beherrscht. Weil das Gesetz von der Liebe her bestimmt ist, ist das Liebesgebot „das königliche Gesetz" und „das Gesetz der Freiheit" – wobei letzterer Begriff zugleich das ganze Wort Gottes bezeichnet.

Grenzen beschützen Liebe, schaffen sie aber nicht

Deswegen können die Gebote Gottes und die Grundwerte dieser Schöpfung nie mit der Liebe in Konflikt geraten. Lediglich wenn die Grenzen überschritten werden, ist die Liebe in Gefahr. Deswegen schreibt Paulus: „Die Frucht des Geistes aber ist: Liebe, Freude, Friede, Langmut, Freundlichkeit, Güte, Treue, Sanftmut, Selbstbeherrschung. Gegen diese ist das Gesetz nicht" (Gal 5,22-23).

So richtig das Gesagte ist, muss dem Missverständnis gewehrt werden, dass das Gesetz allein Liebe schaffen kann. Das Gebot schützt beispielsweise die Ehe vor Ehebruch, Hass usw. Wahre eheliche Liebe wird auch gegenüber dem Partner das Gesetz erfüllen und doch umfasst die eheliche Liebe wesentlich mehr. Was die Ehepartner aus Liebe füreinander tun und sind, kann nicht einfach aus Geboten abgeleitet werden, sondern entspricht der persönlichen Beziehung zweier Menschen, die sich von allen anderen Menschen unterscheiden. Das Gesetz ist wie ein Haus, das sehr sorgfältig gebaut werden muss, die Liebe hingegen entspricht den Bewohnern, die dem Haus erst seinen Sinn geben. Wer sich nur mit dem Gesetz beschäftigt, ist wie ein Architekt, der ein Haus um seiner selbst willen baut und vergisst, dass ein Haus dazu da ist, Menschen als Wohnung und Schutz zu dienen. Im Buch

Hiob ist zu lesen: „Vom Gebot seiner Lippen ließ ich nicht ab; mehr als es meine Pflicht gewesen wäre, wahrte ich die Worte seines Mundes" (23,12). Hiobs Liebe zu den Armen, die in diesem Zusammenhang beschrieben wird, ging weit über das vom Gesetz Geforderte hinaus.

Dennoch darf man aus dieser Tatsache nie den umgekehrten Schluss ziehen, dass die Liebe ohne Werte und ohne das Gesetz auskommen könne. Wenn die Liebe auch über das im Gebot Geforderte hinausgeht, handelt sie doch nie gegen das Gebot und sieht darin seinen Rahmen und seine Verpflichtung.

Wie ist das einer säkularen Umwelt zu vermitteln?
Welche Konsequenzen es hat, wenn von Liebe die Rede ist, ohne dass irgendwelche Ausführungsbestimmungen und Gebote angeführt werden dürfen, lässt sich an vielen alltäglichen Beispielen illustrieren. Wie soll etwa ein Fußballspiel aussehen, dessen einzige Spielregel „Fairness" ist?[10] Fairness im Sport ist gut, aber ohne Ausführungsbestimmungen sinnlos und wirkungslos. Jeder Fußballer würde „Fairness" anders verstehen.

Gesetze gegen sexuelle Belästigung am Arbeitsplatz sind wichtig. Es ist auch wichtig, dass die Firma für ihre Mitarbeiterinnen die nötigen Strukturen schafft, um gegen solche Belästigungen vorzugehen. Die Motivation dafür ist die Liebe zu den Opfern. Für den Vollzug der Grenzen ist es nicht notwendig, dass die Täter die Einstellung des Staates oder der Firma teilen. Aber dennoch ist es wünschenswert, dass die Männer aus innerer Überzeugung und

Beispiel aus dem wirtschaftlichen und staatlichen Bereich

aus Respekt gegenüber Frauen handeln. Deswegen wird eine kluge Firma nicht nur Grenzen stecken und Verhinderungsstrukturen schaffen, sondern auch Wege suchen, möglichst viele Mitarbeiter innerlich zu gewinnen: sei es durch Literatur, Schulungen, Gesprächsangebote, sei es durch Gesprächsgruppen, in denen Frauen ihre Eindrücke und Wünsche schildern können, sei es durch konkrete Therapieangebote für potentielle Täter durch einen geschulten Mitarbeiter oder außerhalb der Firma.

---

[10] Dieses Beispiel stammt von Erwin Lutzer, Measuring Morality. A Comparison of Ethical Systems, Dallas (TX) 1989, S. 36.

Liebe contra Selbstliebe?

Durch die Verbindung der Liebe mit den Geboten Gottes wird auch die Frage nach der Selbstliebe in dem Satz „Du sollst deinen Nächsten lieben wie dich selbst" geklärt. Einige verstehen diesen Satz als generelle Aufforderung, dass man sich zunächst selbst lieben müsse, bevor man andere lieben könne. Andere sehen jede Selbstliebe als das Ende der von Jesus geforderten Selbstverleugnung an (Mt 16,24; Mk 8,34; Lk 9,23) und verstehen das „wie dich selbst" als Zugeständnis an den leider immer vorhandenen Egoismus[11]. Nimmt man die Gebote Gottes hinzu, sieht man, dass beide Seiten gleichermaßen Recht wie Unrecht haben. *Wenn Gott uns geboten hat, uns um uns selbst zu kümmern und uns selbst Freude zu schaffen, kann an diesen Stellen keine prinzipielle Selbstverleugnung gefordert sein.* Wenn Gott uns aufträgt, unseren Lebensunterhalt zu verdienen oder uns am Essen zu erfreuen, kann ein solcher Einsatz für uns selbst nicht falsch sein. *Wo Gott uns aber aufträgt, die Interessen anderer über unsere eigenen zu stellen, können wir solche Werte nur zu unserem eigenen Schaden mit Füßen treten.* Wilhelm Lütgert hat das treffend formuliert: „Wenn durch die Liebe zu Gott aus dem Selbsterhaltungstrieb die Selbstsucht ausgeschieden wird, so wird er zu Selbstliebe. ... Selbstsucht ist nicht Selbstliebe. Der selbstsüchtige Mensch liebt überhaupt nicht, auch nicht sich selbst."[12]

Die Bibel spielt den Einzelnen und die Gesellschaft und die eigenen Interessen und die Interessen der anderen nicht gegeneinander aus. Sie ist weder rein individualistisch noch rein sozialistisch. Sie wahrt die Privatsphäre des Einzelnen ebenso (z.B. Spr 25,16-17), wie sie keinen von der sozialen Verantwortung ausnimmt.

Auch die berühmte Goldene Regel Jesu verbindet die Selbstliebe und das Leben für andere untrennbar miteinander: „Alles, was ihr wollt, dass euch die Menschen tun sollen, das tut ihr ihnen auch! Denn darin besteht das Gesetz und die Propheten" (Mt 7,12). Deswegen kann man dem Wirtschaftswissenschaftler George Gilder nur zustimmen: „Der Glaube, dass das Glück der anderen am Ende auch einem selbst nützt, findet nur schwer den Weg zum menschlichen Herzen. Jedoch ist dies

---

[11] Zur Begriffsgeschichte von „Egoismus" seit der Übertragung des Begiffs durch Immanuel Kant auf die Ethik vgl. Heinz-Horst Schrey, „Egoismus", S. 304–308, in: Gerhard Müller (Hg.), Theologische Realenzyklopädie, Bd. 9, Berlin 1993/1982. Dort heißt es treffend S. 306: „Daß der Egoismus als Ichzentriertheit des Menschen ein Merkmal der Moderne ist, kann als allgemein anerkanntes Axiom der neueren Kultursoziologie und -psychologie gelten."

[12] Wilhelm Lütgert, Ethik der Liebe, aaO., S. 17.

die Goldene Regel der Wirtschaft, der Schlüssel zu Frieden und Wohlstand und eine Voraussetzung für den Fortschritt."[13]

Die Bibel selbst kann das höchste Ziel des Menschen, nämlich
ewiges Leben zu erlangen und in ewiger Gemeinschaft mit Gott zu
leben, in doppelter Weise begründen. Einerseits wird damit Gott an die
erste Stelle gesetzt, und der Mensch ordnet sich demütig Gottes Willen
unter: Der Mensch wird Gott ewig als seinen Herrn und Erlöser
preisen. Andererseits ist dies aber zugleich das Beste, was ein Mensch
für sich selbst tun kann. Deswegen begründet die Bibel ein Leben nach
dem Willen Gottes ohne Hemmungen mit dem Nutzen, den der
Mensch davon in Ewigkeit haben wird (z.B. Eph 6,8; Kol 3,23-24; Joh
4,36; vgl. 1Tim 6,19). Die ewige Gemeinschaft mit Gott ist die
höchste Vollendung der Liebe zu Gott, der Liebe zu anderen und der
wahren Liebe des eigenen Lebens, also dem Wunsch, das Beste aus dem
eigenen Leben zu machen.

Die Ehe ist das beste Beispiel für die Zusammengehörigkeit von Selbstliebe und Liebe für andere. Zwar verspricht
der Ehepartner, ganz für den anderen zu leben und im
Extremfall sein Leben für ihn einzusetzen, aber dies funktioniert nur, weil der andere Ehepartner umgekehrt
dasselbe verspricht. Wer heiratet, investiert damit voll in

Beispiel aus dem familiären Bereich

jemand anderen, und ist doch selbst der größte Nutznießer! Paulus schreibt
deswegen ohne jeden Anflug von schlechtem Gewissen: „Wer seine Frau
liebt, liebt sich selbst!" (Eph 5,28). Das steckt hinter der Logik des Paulus,
wenn er über die Liebe zur Ehefrau sagt: „... denn niemand hat jemals sein
eigenes Fleisch gehasst" (Eph 6,29). Erfüllte Sexualität bedeutet deswegen
nach Paulus, dass jeder dem anderen Vorrang einräumt: „Der Mann leiste der
Frau die eheliche Pflicht, ebenso aber auch die Frau dem Mann. Denn die
Frau verfügt nicht über ihren eigenen Körper, sondern der Mann, und ebenso
verfügt nicht der Mann über seinen Körper, sondern die Frau. Entzieht euch
einander nicht zu lange ..." (1Kor 7,3-5). Diese sexuelle Gleichberechtigung
beruht völlig auf Gegenseitigkeit und bricht nicht nur zusammen, wenn
beide Egoisten werden, sondern auch, wenn nur einer von beiden seinen Einsatz für den anderen einstellt.

Die berufliche Arbeit ist ein weiteres gutes Beispiel für die doppelte Ausrichtung der Liebe, wie wir noch sehen werden. Arbeit ist nämlich immer zugleich Arbeit zugunsten des Arbeitenden selbst, z.B. durch den Lebensunter-

---

[13] George Gilder, Reichtum und Armut, München 1983, S. 19.

Beispiel aus dem wirtschaftlichen Bereich

halt als Schuhmacher, und Arbeit für andere, z.B. durch den reparierten Schuh. Für Paulus schließen sich auch bei Reichen das Genießen ihres Reichtums und der Einsatz des Reichtums für andere nicht aus: „Den Reichen in dieser Welt gebiete, dass sie nicht stolz sein sollen, noch ihre Hoffnung auf die Ungewissheit des Reichtums setzen sollen, sondern auf Gott, der uns alles reichlich darreicht, um es zu genießen, und dass sie Gutes tun, reich an guten Werken, freigebig und behilflich sein sollen, um sich selbst eine gute Grundlage für die Zukunft zu sammeln, um das wirkliche Leben zu ergreifen" (1Tim 6,17-19). Reichtum soll hier also sowohl dem eigenen Genuss, als auch anderen dienen, wobei Letzteres im Himmel auch dem Geber selbst wieder zugute kommt.

Beispiel aus dem staatlichen Bereich

Es gehört zur modernen Staatstheorie, die hier mit der Bibel im Einklang ist, ja von ihr beeinflusst wurde, dass der Staat auf einem Vertrag zwischen Regierten und Regierenden beruht. Der Staat ist für seine Bürger da, der Bürger für den Staat. Nur wenn beide auf Gegenseitigkeit füreinander da sind, kann der Staat funktionieren. Wenn die Regierenden zu sehr für sich leben und zu wenig dem Volk nützen, entsteht eine Diktatur, die leider sehr lange leben kann, aber letztlich noch immer irgendwann zusammengebrochen ist. Wenn zu viele der Regierten nur noch für sich leben und dem Staat und der Allgemeinheit schaden, bricht auch der Staat irgendwann zusammen, z.B. weil ihm die ausreichende Finanzierung durch Steuern fehlt oder er so viele Menschen ins Gefängnis stecken müßte, dass die Bürger die Belastung nicht mehr tragen können.

Wie ist das einer säkularen Umwelt zu vermitteln?

Beispiel aus dem staatlichen Bereich

Viele Probleme entstehen dort, wo man Dinge gegeneinander stellt, die Gott in seiner Offenbarung aufeinander bezieht. Dies gilt auch für Individualismus und Kollektivismus. Der Individualismus sieht das Individuum, den einzelnen Menschen, als den wichtigsten Maßstab an und glaubt, dass sich alles an den Bedürfnissen und Wünschen des Einzelnen auszurichten habe. Dies ist etwa die Botschaft des politischen Liberalismus. Der Kollektivismus dagegen sieht die Gemeinschaft (der Kirche, des Staates usw.) als den wichtigsten Maßstab an und glaubt, dass sich alle privaten Bedürfnisse dem Wohl der Gemeinschaft unterzuordnen haben. Ganz deutlich wird dies etwa im Kommunismus oder in der nationalsozialistischen Parole: „Du bist nichts, dein Volk ist alles." Diese Einseitigkeiten haben noch immer die Menschheit in große Probleme gestürzt. Nur eine Ausgewogenheit zwischen dem Eintreten für den Einzelnen und dem Orientieren an den Belangen der Gemeinschaft kann ein menschenwürdiges Zusammenleben hervorbringen, in der Familie ebenso wie in der Kirche, in der Wirtschaft ebenso wie im Staat.

In der Bibel wird die Gegenüberstellung von Individualismus und Kollektivismus dadurch überwunden, dass weder der Einzelne noch die Gesellschaft der Maßstab und das Ziel des menschlichen Lebens sind, sondern Gott und seine Verherrlichung. Gott ist es nun, der in seinem Wort der Einzelperson ebenso große Bedeutung beimisst wie der Gemeinschaft; allerdings nicht nur einer Gemeinschaft, sondern der Gemeinschaft in verschiedenen von Gott gestifteten Bünden, etwa im Zusammenleben und Zusammenarbeiten in Familie, Kirche, Wirtschaft und Staat. Der Schutz des Einzelnen wie der Schutz der Gemeinschaft werden beide gleichermaßen bedacht und durch die Gebote Gottes geregelt. Nur aus den Geboten Gottes können wir erfahren, in welchem Fall welcher Bereich „Vorfahrt" hat.

Francis Schaeffer hat deutlich gemacht, dass die Überwindung der Spannung zwischen dem Einen und den Vielen, die ein zentrales und ungelöstes Problem der gesamten Philosophiegeschichte darstellt, in der Bibel in der Dreieinigkeit Gottes abschließend gelöst wird. „Es gibt zwei Probleme, die stets da sind - die Notwendigkeit der Einheit und die Notwendigkeit der Vielfalt."[14] „Die Trinitätslehre besagt vielmehr, daß Einheit und Vielfalt Gott selbst ist - drei Personen, aber ein Gott. Das und nichts weniger ist Trinität. Wir müssen dankbar anerkennen, daß unsere christlichen Vorväter im 5. Jahrhundert dies sehr gut verstanden, als sie die drei Personen der Dreieinigkeit betonten, in Übereinstimmung mit den klaren Aussagen der Bibel. Beachten wir, daß sie nicht die Trinität erfanden, um eine Antwort auf die philosophischen Fragen zu geben, die die Griechen jener Zeit sehr gut verstanden. Ganz im Gegenteil. Das Problem von Einheit und Vielfalt war da, und sie erkannten, daß sie in der Dreieinigkeit, wie sie in der Bibel gelehrt worden war, eine Antwort besaßen, die sonst keiner hatte. ... Machen wir uns noch einmal klar, daß dies nicht die beste, sondern die einzige Antwort ist. Kein Mensch, keine Philosophie, hat je Einheit und Vielfalt erklären können."[15]

---

[14] Francis Schaeffer, Und er schweigt nicht, Wuppertal 1991 (1975), S. 17.
[15] Ebd., S. 24.

Zur Selbstverleugnung

Noch ein Wort zu Selbstverleugnung. Wenn Jesus zur Selbstverleugnung aufruft und dabei auffordert, das Kreuz auf sich zu nehmen, meint er keine psychologische Größe – etwa Selbstverachtung oder fehlendes Selbstbewusstsein –, sondern schlicht und einfach die Bereitschaft zum Martyrium, zum Sterben für den Glauben[16]: „Wenn jemand mir nachfolgen will, der verleugne sich selbst und nehme sein Kreuz auf sich und folge mir nach. Denn wenn jemand sein Leben erretten will, wird er es verlieren. Wenn aber jemand sein Leben um meinetwillen verliert, der wird es finden" (Mt 16,24–25). Dieser Abschnitt stammt aus der ersten großen Martyriumsrede Jesu in Matthäus 10,16–42. Selbstverleugnung bedeutet, Gott prinzipiell und ausnahmslos an die erste Stelle setzen und deswegen zum Martyrium bereit sein. Selbstverleugnung bedeutet aber keineswegs, jeden anderen Menschen an die erste Stelle zu setzen oder sich jeden Genuss zu versagen. Denn aus der Unterordnung unter Gott ergibt sich erst der richtige Umgang mit anderen Menschen und mit den Gütern, die Gott uns schenkt.

1.2 Christliche Führungskräfte denken und lernen gerne

„Haben Sie jemals eines jener osteuropäischen Länder besucht, wo die Milizionäre stets zu dritt herumlaufen? Damit hat es, wie man sagt, folgende Bewandtnis: Der erste kann lesen, der zweite ist des Schreibens kundig und der dritte hat die Aufgabe, die beiden gefährlichen Intellektuellen im Auge zu behalten. Heute geht es in vielen Kirchengemeinden ähnlich zu. Wer mehr als zwei Minuten lang intelligent redet und dabei pro Minute mehr als einen Gedanken äußert, gilt als ein gefährlicher, ungeistlicher Intellektueller. Die heutige Kirche steht jedoch vor großen Problemen und Schwierigkeiten, und diese müssen im Licht sowohl des Wortes Gottes als auch der aktuellen Lage der Welt gründlich durchdacht werden. Wir müssen davon Abstand nehmen, auf schwere Fragen einfache Antworten zu geben, und die Bereitschaft aufbringen, zu beten, nachzudenken und geistige Schwerst-

---

[16]   Vgl. dazu ausführlicher Thomas Schirrmacher, Christenverfolgung geht uns alle an. Auf dem Weg zu einer Theologie des Martyriums, Idea–Dokumentation 15/99, Wetzlar 1999.

arbeit zu leisten, damit wir unseren gegenwärtigen Standort bestimmen und erkennen können, was der Herr von uns möchte."[17]

Gott denkt

Gott denkt und der Mensch denkt, weil er das Ebenbild Gottes ist. Häufig spricht die Bibel von den Gedanken Gottes. 26-mal spricht das Alte Testament auch vom „Herzen" Gottes[18] oder davon, dass Gott „in seinem Herzen spricht". Im Alten Testament ist nämlich das Herz der Ort des Denkens. Wer nachdenkt, „spricht in seinem Herzen". So sagt Gott im Hinblick auf einen neuen Priester in 1. Samuel 2,35: „der wird tun, was meinem Herzen und meinem Verstand gefällt", wobei im Parallelismus „Herz" und „Verstand" gleichgesetzt werden. In Psalm 33, 10-11 werden den „Gedanken der Völker" die „Gedanken Gottes" gegenübergestellt. In Jeremia 44,21 heißt es: „Hat der Herr nicht daran gedacht und ist es nicht in seinem Herzen aufgestiegen?"

Die Menschen denken als Ebenbild Gottes (1Mose 1,26-27), denn Gott „hat ihnen allesamt das Herz geschaffen" (Ps 33,15). Die ersten Lebensäußerungen des Menschen, von denen die Bibel im Schöpfungsbericht spricht, sind deswegen mit dem Denken verbunden, sei es das Gespräch mit Gott oder mit der Schlange oder sei es die Aufgabe, allen Tieren Namen zu geben (1Mose 2,19-20).

Das Herz ist das Zentrum der Person, es ist das Entscheidungszentrum des Menschen schlechthin. Das Herz spiegelt die Ebenbildlichkeit Gottes wie kaum etwas anderes wider und ist deswegen für die Kommunikation Gottes mit dem Menschen und der Menschen untereinander unentbehrlich.

Im Herzen und Denken entscheidet sich deswegen auch der wahre Charakter unserer Beziehung zu Gott, wie einer der wichtigsten Texte des Alten und Neuen Testamentes deutlich macht: „Du sollst den Herrn, deinen Gott, lieben aus deinem ganzen Herzen und mit deiner ganzen Seele und mit deiner ganzen Kraft und mit deinem ganzen Verstand und deinen Nächsten wie dich selbst" (Lk 10,27)[19], wobei hier

---

[17] Der Schwiegersohn von F. Schaeffer, Os Guiness, über die Frage, wie das Christentum überleben kann: Os Guiness, Des Teufels Fehde-Handschuh: Kirche und Gesellschaft, Marburg 1991, S. 3.

[18] Hans Walter Wolff, Anthropologie des Alten Testaments, München 1977³, S. 68.

[19] Ähnlich Mk 12,30; zitiert aus 5Mo 6,5, dem zentralen Glaubensbekenntnis Israels; ähnlich 5Mo 10,12; 11,13; Jos 22,5.

nicht vier voneinander abgegrenzte Teile des Menschen aufgelistet werden, sondern sich überschneidende Bezeichnungen für das entscheidende Zentrum des Menschen.

Wegen der zentralen Bedeutung des Herzens und damit des Denkens und Planens in der Bibel, muss man auf nichts so sehr Acht geben wie auf das eigene Herz: „Mehr als alles, was man [sonst] bewahrt, behüte dein Herz! Denn in ihm [entspringt] die Quelle des Lebens" (Spr 4,23). Was wir denken und entscheiden, macht unser Leben aus.

Ein Christ ist ein denkender Mensch

Ein Christ ist deswegen nach biblischem Verständnis ein denkender Mensch, ja ein bewusst und gern denkender Mensch[20]. Paulus fordert deswegen die Christen auf: „Geschwister, seid nicht Kinder am Verstand, sondern seid Unmündige bezüglich der Bosheit, am Verstand aber seid Erwachsene" (1Kor 14,20).

Herbert Schlossberg und Marvin Olasky haben schön herausgearbeitet, dass das christliche Denken von zwei Seiten bedroht wird[21]. Auf der einen Seite steht der *Rationalismus*, der den Verstand zur höchsten Autorität erhebt und damit das Geschenk Gottes, den Verstand, missbraucht[22]. Auf der anderen Seite steht der *Quietismus*[23], der das Denken prinzipiell für böse hält und den Glauben eher im Bereich des Gefühls und der privaten Frömmigkeit festmacht. Für die Autoren geht die Aufspaltung der Welt in eine private, religiöse, gefühlsmäßige, nicht verstandesmäßig zu diskutierende Seite des Glaubens und eine säkulare, rein verstandesmäßige, diskutierbare Seite des Wissens vor allem auf Immanuel Kant zurück.[24] Letztlich aber auf die Versuche, dem

---

[20] Eine gute Übersicht dazu bieten Manfried Schulte, „Verstand", Das Fundament (DCTB) 84 (1987), 6: 28-30; „The Law of a Sound Mind", Sword and Trowel 2/1987: 24-27; John R. W. Stott, Es kommt auch auf den Verstand an, Neuhausen 1975. Es wäre unmöglich, alle Begriffe und Texte des Neuen Testamentes aufzuzählen, in denen das Denken unabdingbar für den Vollzug des Glaubenslebens ist. Christen „wissen", „erkennen", „lernen" und „lehren", „fragen" und „antworten", erbitten „Weisheit" und „Klugheit", „verstehen" und „begreifen", „prüfen", „erklären" usw. Vgl. dazu „NT Words About the Use of the Believer's Mind". Sword and Trowel 2/1987, S. 27-30.

[21] Herbert Schlossberg/Marvin Olasky, Turning Point. A Christian Worldview Declaration, Westchester (IL) 1987.

[22] Ebd., bes. S. 61-70.

[23] Eigentlich „Pietismus", aber im Amerikanischen hat „pietism" oft eine andere Bedeutung als im Deutschen.

[24] Ebd., bes. S. 36-37.

Religiösen gegenüber dem wachsenden Druck des Rationalismus einen unantastbaren inneren Bereich des Empfindens zu bewahren. Diese Versuche scheitern, weil sich der religiöse Mensch immer weiter zurückziehen und immer neue Bereiche seines Lebens und der gesamten Schöpfung opfern müsste. Zuletzt machte ihm die Psychologie auch noch den Bereich der inneren Religiosität streitig. In der Bibel geht es umgekehrt darum, alles Denken dem Gehorsam Christi zu unterstellen (2Kor 10,3-6).

In der Bibel wird Heiraten und Verheiratetsein einschließlich der sexuellen Beziehung als das „Erkennen" des Ehepartners bezeichnet (1Mose 4, 1.17.25; 19,8; 24,16; 1Kön 1,4; Mt 1,25)[25], so etwa, wenn es heißt „Adam erkannte seine Frau Eva" (1Mose 4,1), und daraufhin ein Sohn geboren wird. Erkennen schließt hier

Beispiel aus dem familiären Bereich

sowohl das intellektuelle Wiedererkennen und Kennenlernen, als auch das Wollen und die ganzheitliche Beziehung mit ein. Deswegen gehören aber zur Ehe nicht nur Zusammenleben und Sexualität, sondern auch das ständige Gespräch, die Beratung, der intensive Austausch, das Sich-in-den-andern-Hineindenken. Eine Ehe, in der das „Erkennen" des anderen erstirbt und mich die Gedanken des anderen nicht mehr interessieren, ist eine sterbende Ehe.

Der gottesfürchtige Mensch ist im Alten Testament ein Mensch, der viel nachdenkt und nicht gedankenlos in den Tag hineinlebt. Dies wird im Buch der Sprüche immer wieder betont, so etwa, wenn es um das Reden geht: „Das Herz des Gerechten überlegt, was zu antworten ist; aber der Mund der Gottlosen läßt Bosheiten sprudeln" (Spr 15,28). „Der Einfältige glaubt jedem Wort, aber der Kluge achtet auf seinen Schritt" (Spr 14,15). Christen wissen, was sie tun, und leben nicht blind in den Tag hinein.

Die im Neuen Testament immer wieder angesprochene „Selbstbeherrschung"[26] (früher oft mit „Zucht" wiedergegeben) hat sehr viel damit zu tun, nicht den Trieben zu folgen, sondern erst zu denken und dann zu handeln (Apg 24,25; 2Petr 1,6; 1Kor 7,29; 9,25; Tit 1,8). Die noch häufiger empfohlene „Besonnenheit", also die Dinge ruhig zu

---

[25] Vgl. ebd., S. 113.
[26] Griech. *enkrateia,* andere Bedeutungen: Selbstkontrolle, Enthaltsamkeit, Zucht, Mäßigkeit, Besonnenheit. Das Gegenteil ist Unbeherrschtheit, Zuchtlosigkeit, Gesetzlosigkeit, Unmäßigkeit.

durchdenken, wird immer wieder als eine Eigenschaft bezeichnet, die Christen auszeichnen soll (z.B. Röm 12,3; 1Petr 4,7; vgl. Spr 1,4).

Beispiel aus dem kirchlichen Bereich

Diese Besonnenheit wird vor allem als Grundvoraussetzung für ein gemeindeleitendes Amt angesehen (2Tim 1,7; Tit 2,6.12). Warum wohl? Weil Leitung immer damit verbunden ist, sich Zeit zu nehmen, nachzudenken, sich zu beraten und erst nach reiflicher Überlegung zu entscheiden. Ein Ältester oder Pastor reagiert nicht sofort heftig auf Gerüchte, sondern nimmt sich Zeit, mit allen Beteiligten zu sprechen, sich mit anderen zu beraten und dann auf dem sinnvollsten Weg einen Konfliktlösungsprozess zu unterstützen. Das Neue Testament fordert z.B. beim Gemeindeausschluss mehrere Stufen der Gespräche, um sicherzugehen, dass kein vorschnelles Urteil gefällt wird. Auch bei schwer wiegenden Fragen und Problemen gerät der Älteste nicht in Panik, sondern sucht ruhig und besonnen nach der besten Lösung.

Beispiel aus dem familiären Bereich

Für Kinder christlicher Familien stellt es ein großes Problem dar, dass ihre Eltern oft einen frommen Lebensstil pflegen, aber nicht wissen, *warum* sie so oder so handeln. Das Vorbild der Eltern ist enorm wichtig, aber wenn Eltern nicht darüber nachgedacht haben, warum sie dieses für wichtig halten und jenes für grundfalsch, haben die Kinder keine Möglichkeit, einen eigenen Standpunkt zu finden. Entweder kopieren sie alles, oder werfen alles über Bord. Das Ziel aber ist, dass die Kinder *verstehen*, warum die Eltern so handeln, damit sie später in völlig anderen Situationen dieselbe Weisheit anwenden können. Oder anders gesagt: Nur wenn die Eltern selbst über ihr Leben nachdenken, können sie ihren Kindern dieses Nachdenken vermitteln. Wenn Petrus fordert: „Seid jederzeit bereit zur Verantwortung jedem gegenüber, der Rechenschaft von euch über die Hoffnung in euch fordert" (1Petr 3,15), so gilt dies doch jedermann, auch und gerade den eigenen Kindern gegenüber! Rechenschaft vor anderen kann aber nur ablegen, wer sich zunächst einmal Rechenschaft vor sich selbst abgelegt hat. Nur dann können die Kinder später unterscheiden, was in ihrem Elternhaus zufällig so war, aber kein Dauerwert für ihr Leben darstellt (z.B. Schuhe gehören in den Schuhschrank, Bibellesen morgens um 6 Uhr), und was Ausdruck grundlegender Werte war, die auch für ihr erwachsenes Leben von Bedeutung sind (z.B. freundlicher Umgang mit Ausländern, finanzieller Einsatz für Notleidende).

Der vernünftige Gottesdienst

Paulus verbindet die ganzheitliche Orientierung des Christen auf Gott in allen Lebensbereichen auf das Engste mit dem erwünschten Denken des Christen, wenn er schreibt: „Ich ermahne euch daher, Geschwister, durch die Barmherzigkeit Gottes, eure Leiber darzustellen als ein lebendiges, heiliges, Gott wohlgefälliges Opfer, was euer vernünftiger Gottesdienst ist. Passt euch nicht dem Schema dieser Welt an, sondern werdet umgestaltet durch die Erneuerung eures Denkens, damit ihr prüfen könnt, was der Wille Gottes ist: das Gute, das Wohlgefällige und das Vollkommene" (Röm 12,1-2).

Ein Gottesdienst ist nur dann ein „vernünftiger Gottesdienst" (Röm 12,1), wenn wir Gott nicht nur sonntags ein bis zwei Stunden dienen, sondern die ganze Woche über und in allen Lebensbereichen. Die ganze Bedeutung des „vernünftigen" Gottesdienstes wird erst deutlich, wenn man bedenkt, dass Paulus mit diesem Wort „vernünftig" bereits in Römer 1,20 (Gott „denkend wahrnehmen") den Gottesdienst bezeichnet, den der Mensch verweigerte, wodurch er zum Narren wurde. Wer Gott – wie in Römer 12,1-2 beschrieben – dient, ist endlich wieder „vernünftig", dient also endlich wieder dem Schöpfer und nicht mehr der Schöpfung (Götzen, Mammon, sich selbst usw.), was ein unvernünftiger Gottesdienst wäre.

So ist es kein Wunder, dass in Römer 12,2 das Denken (griech. *nous*, „Verstand"; oft übersetzt mit „Sinn") für den Glauben eine solche Rolle spielt und das zentrale Wort „Bekehrung" oder „Umkehr" (griech. *metanoia*) von dem griechischen Wort *nous* abgeleitet ist und so viel wie „eine andere Gesinnung bekommen" oder „umdenken" bedeutet. Christwerden heißt „Umdenken". Wie will man bei solcher Sachlage begründen, dass Glaube angeblich bedeute, auf das Denken zu verzichten!?

Die Veränderung unseres alltäglichen Lebens beginnt in unserem Herzen. Nur wenn unser Denken dem Willen Gottes unterstellt wird, können alle Bereiche unseres Lebens von der „Erneuerung" erfasst werden. Der Verstand, der nach Römer 1,18-32 preisgegeben werden musste, um ja nicht Gott dienen zu müssen, erhält seine ursprüngliche Bestimmung zurück: durch ihn können wir den offenbarten Willen Gottes erfassen und Gott dienen. Der Verstand erhält für den Christen durch Gottes Gnade eine ungeahnte Würde. Wie konnten Christen nur auf den Gedanken kommen, dass der Verstand für Christen angeblich ein Problem darstellt, ja, am besten ganz umgangen werden sollte?

Wie sollten wir Gottes Wort ohne Verstand studieren? „Die Furcht des Herrn ist der Weisheit Anfang" (Spr 1,7), heißt es, nicht der Weisheit „Ende"![27] „Stellt euch nicht dieser Welt gleich" (Röm 12,2) bedeutet so viel wie „folgt nicht dem Schema dieser Welt".[28] Man könnte auch frei übersetzen mit: „Passt euch nicht dem Zeitgeist an!" Christen sind keine „Angepassten", keine „Kriecher" und halten nicht das Fähnchen in den Wind, sondern denken bewusst nach, wo andere nur mitlaufen.

Paulus stellt hier die „Welt" (oder das „Zeitalter") und den „Willen Gottes" einander gegenüber. Daraus wird ersichtlich, dass er hier mit „Welt" nicht die Schöpfung oder alle Menschen gemeint hat, sondern „Welt" ein ethischer, ein moralischer Begriff ist und alles bezeichnet, was sich gegen Gott stellt und seinen Willen und seine Werte ablehnt[29], wie es auch in 1. Johannes 2,17 deutlich wird: „Die Welt vergeht mit ihrer Lust, wer aber den Willen Gottes tut, der bleibt in Ewigkeit." Es geht also um die Einübung des Gotteswillens. Geistlich „Erwachsene" sind Menschen, „die infolge der Gewöhnung geübte Sinne zur Unterscheidung des Guten und des Bösen haben" (Hebr 5,14).

Gewiss, christliches Planen und Denken steht immer unter dem Vorbehalt der Weltregierung Gottes. Wir sollen uns deswegen nicht mit unseren Planungen rühmen, als ob wir die Geschicke der Welt bestimmten (Jak 4,13-17), sondern sagen: „So der Herr will und wir leben, werden wir dieses oder jenes tun" (Jak 4,15). Das bedeutet aber nicht, dass wir nicht gründlich denken und planen sollten. Ganz im Gegenteil, wir sollen unter dem – sehr vernünftigen Vorbehalt – dann trotzdem für die Zukunft planen und unsere Arbeit tun und sagen, „dann werden wir dieses oder jenes tun" (Jak 4,15).

Dabei muss wiederum betont werden, dass alle diese Begriffe in der Bibel nicht nur die intellektuellen Fähigkeiten allein meinen, sondern ganzheitlich – allerdings unter intellektueller Führung – zu verstehen

---

[27] Vgl. dazu John R. W. Stott, Es kommt auch auf den Verstand an, aaO. (ganz); Johannes Calvin, Unterricht in der christlichen Religion: Institutio Religionis Christianae, Neukirchen 1988⁵, S. 151-156 (2. Buch, 2. Kap., Abschnitte 12-19) und die ausgezeichneten Thesen von Manfried Schulte, „Verstand", Fundament (DCTB) 84 (1987), 6: 28-30.

[28] Griech. *syschematidso* von *syn* = „mit" und *schema* = Haltung, Art, Muster, davon unser Ausdruck „Schema". Vgl. Friedrich Godet, Kommentar zu dem Brief an die Römer, 2. Teil, Hannover 1893, S. 244-245.

[29] Vgl. dazu Kurt Hennig (Hg.), Jerusalemer Bibellexikon, Neuhausen 1989, S. 931-932; Gary DeMar, „You Have Heard it Said", 15 Biblical Misconceptions that Render Christians Powerless, Brentwood (TN) 1991. S. 16-21.

sind[30]. Was wir zuerst über die Liebe gesagt haben, darf uns jetzt nicht verloren gehen.

Wie ist das einer säkularen Umwelt zu vermitteln?
Der Mensch unterscheidet sich vom Tier dadurch, dass er denken und planen und dadurch auch Verantwortung für sein Handeln übernehmen kann. Die von Gott gegebene Würde des Menschen hängt zwar nicht an seiner Denkfähigkeit, sonst wären Ungeborene, geistig Behinderte oder Altersdemente keine Menschen. Die Menschenwürde ist ein Wert an sich und so an keine Leistung gebunden. Aber gerade diese unantastbare Menschenwürde führt dazu, dass der Mensch unter normalen Umständen abwägen und entscheiden kann und diese Entscheidung mit anderen diskutieren und teilen kann. Deswegen schützen die Menschenrechte die Menschenwürde gerade darin, indem sie das Denken des Menschen schützen, namentlich sein Gewissen und seinen Glauben. Liebe ist zwingend auf das Denken und die Kommunikation angewiesen. Wer Liebe umsetzen will, muss bereit sein, viel Zeit zu investieren, um auf dem Wege des Denkens, des Gewissens und der Beratung zu einer Entscheidung zu gelangen, die den größten Nutzen für alle hat und gerechtfertigt werden kann.

Denken für die Wirklichkeit

Einem Missverständnis wollen wir noch kurz begegnen, wenn wir vom Denken sprechen, und zwar gerade auch im Zusammenhang mit der Bibel. Ob man nachgedacht hat, zeigt sich nicht an bestimmten akademischen Symbolen und Ritualen (z.B. lange Fußnoten, unverständliche Insider- und Fachsprachen, Titel), sondern in der Wirklichkeit. Mit „Denken" ist hier also nicht gemeint, irgendwelche theoretischen Erkenntnisse beeindruckend vorzutragen, sondern das bewusste und gezielte Planen unserer alltäglichen Entscheidungen. Rolf Hille schreibt dazu: „Deshalb ist es keine Stärke, sondern eine Schwäche der akademischen Theologie westlicher Tradition, dass sie nach dem Ideal einer nur theoretischen Erkenntnis in philosophischer und traditionell theologischer Begrifflichkeit sucht. Biblische Wahrheit

---

[30] So auch Friso Melzer, Das Wort in den Wörtern, Die deutsche Sprache im Lichte der Christus-Nachfolge, Ein theo-philologisches Wörterbuch, Tübingen 1965, S. 112-113.

ist sehr praktisch, und jede theologische Forschung muss sich an der geistlichen Relevanz für die Praxis des gemeindlichen Lebens erweisen."[31]

Wir werden darauf noch eingehen, dass es Aufgabe der Kirche ist, Christen beim „Übersetzen" der Bibel in ihre konkreten Lebensbereiche zu helfen.

Lebenslanges Lernen

Schon im Alten Testament ist *Schüler*, in unseren Bibelübersetzungen meist mit dem älteren Wort *Jünger* wiedergegeben, eine stehende Bezeichnung für Menschen, die an Gott glauben (z.B. Jes 50,4-5). Das Wort „Jünger" als Steigerung von „jung" wurde als Lehnübersetzung zum lateinischen *junior*, „Schüler, Lehrling, Untergebener"[32] gebildet und entspricht dem lat. *discipulus*[33] (engl. *disciple*) für „Schüler". Es übersetzt vor allem das griechische Wort *mathetes*, mit dem zunächst die Zwölf Apostel als Schüler Jesu (so immer in Joh, zum ersten Mal Joh 2,2), dann aber auch alle Nachfolger Jesu bezeichnet werden (z.B. Lk 6,17; ausdrücklich in Apg 9,25). Der Standardbegriff für einen Christen ist also „Schüler"! Der Missionsauftrag geht von dieser Bezeichnung aus und erwähnt das Lehren und Tun des Gelernten ausdrücklich: „Jüngert[34] [oder: macht zu Schülern] alle Völker ... und lehrt sie, alles zu bewahren, was ich euch befohlen habe" (Mt 28,18-20).

Christen sind Schüler, die lebenslang lernen. Es ist gerade das Kennzeichen der Weisheit, mit dem Lernen nicht aufzuhören, sondern immer weiter zu lernen. Wer viel weiß, weiß auch, wie viel er noch nicht weiß. Wer viel gelernt hat, weiß auch, dass er noch viel lernen muss: „Rüge den Spötter nicht, damit er dich nicht hasst, sondern rüge den Weisen, weil er dich lieben wird. Gib dem Weisen, so wird er noch

---

[31] Rolf Hille, „Der Umbruch von Kirche und Gesellschaft - auf dem Weg zu einer evangelikalen Theologie", S. 135-152, in: Werner Beyer, Einheit in der Vielfalt, Aus 150 Jahren Evangelischer Allianz, Wuppertal 1995, S. 146.

[32] Friso Melzer, aaO., S. 237.

[33] Vgl., ebd., S. 237-238.

[34] Das Wort „jüngern" habe ich anstelle des theologisch missverständlichen Wortes „zu Jüngern machen" gewählt, um zu verdeutlichen, dass im Griechischen kein Wort für „machen" steht und Jünger nicht „gemacht", sondern geschult werden. (Im Deutschen wird ähnlich durch Verwendung eines Umlautes und angehängtem „-ern" ein „machen zu" ausgedrückt, z. B. schwanger machen = schwängern; lang machen = verlängern).

weiser, belehre den Gerechten, so lernt er noch mehr hinzu. Die Furcht des Herrn ist der Weisheit Anfang und Erkenntnis des Heiligsten [= Gott] ist Einsicht" (Spr 9,8-10).

Das Buch der Sprüche ist das große Erziehungsbuch der Bibel. Die ganzheitliche Erziehung erfasst dort die Fähigkeit, im alltäglichen Leben selbständig zu bestehen und mit anderen Menschen zusammenleben zu können (etwa durch Arbeit, Vorsorge, Frieden stiften und Gerechtigkeit herbeiführen), bindet aber alles an den Ausgangspunkt: „Die Furcht des Herrn ist der Weisheit Anfang" (Spr 9,10; ähnlich 1,7; vgl. Hiob 28,28; Spr 15,33; Ps 111,10).

Im Buch der Sprüche ist es das erklärte Ziel, dass der Schüler „Weisheit" – die Voraussetzung für Selbständigkeit – erlernt, indem er die Gebote der Erzieher und Gottes befolgt. Weisheit beinhaltet dabei nicht nur eine intellektuelle Fähigkeit, sondern auch die Fähigkeit, das gute Wissen in die Praxis umzusetzen und im Zusammenleben mit anderen Menschen richtig anzuwenden (z.B. Spr 4,1-9). Eltern sollen ihren Kindern also nicht nur beibringen, was sie selbst gelernt haben, sondern 1. wie und warum sie es gelernt haben, 2. wie man das Gelernte erneut anwendet, 3. wie man lernt, sodass man ein Leben lang durch Anwendung des Gelernten und neues Lernen auf immer neue Situationen weise reagieren kann.

Beispiel aus dem familiären Bereich

Auch die Gemeinde Jesu Christi hat nicht die Aufgabe, ihre Mitglieder ein für alle Mal erkannte Wahrheiten auswendig lernen zu lassen, sondern allen Mitgliedern das Lernen aus der Bibel und aus dem Leben beizubringen. Selbst in einem Theologiestudium kann man nur einen Bruchteil dessen vermitteln, was man für das Leben als Christ und das Leiten einer Gemeinde gut gebrauchen könnte. Deswegen sollte ein Theologiestudium vor allem das Lernen beibringen, nicht nur Lernstoff, damit der Absolvent ein Leben lang mit der Bibel und der ständig für Neues offenen Erfahrung in der Hand immer neue Situationen bewältigen kann.[35]

Beispiel aus dem kirchlichen Bereich

---

[35] Vgl. dazu „Ausbilden wie Jesus und Paulus", S. 7-43, in: Klaus W. Müller/Thomas Schirrmacher (Hg.), Ausbildung als missionarischer Auftrag. Referate der Jahrestagung 1999 des afem. edition afem – mission reports 7, Bonn 1999. „Having a Role Model, Being a Role Model", Training for Cross-cultural Ministries (World Evangelical Fellowship) 1/2001: 4-7; „Jesus as Master Educator and Trainer", Training... 2/2000: 1-4; „Paul and His Colleagues", Training... 3/2000: 6-8.

Beispiel aus dem wirtschaftlichen Bereich

Siegfried Buchholz hat deutlich gemacht, dass die Frage des lebenslangen Lernens eine der großen Herausforderungen auch für Christen in der Wirtschaft darstellt: „Zug Nr. 2 ist unser Umgang mit Bildung und Ausbildung. Wir müssen davon ausgehen, dass Bildung der wichtigste Rohstoff des nächsten Jahrhunderts sein wird. Unsere derzeitigen Bildungssysteme bereiten nicht auf Zukunft vor. Schule kann oder will bis jetzt nicht verstehen, was in der Welt der Berufe wirklich benötigt wird. Schule ist immer noch im Geschäft der reinen Vermittlung von Wissen, das traditionell vermittelbar und speicherbar ist. Schule geht immer noch davon aus, für traditionelle, lebenslange Berufe vorzubereiten, die es schon gar nicht mehr gibt. Schule muss lernen, nicht mehr auf Employment vorzubereiten, sondern auf Employability, d. h. auf die Bereitschaft und Fähigkeit, in einer Welt sich stets ändernder Berufe auf fahrende Züge aufzuspringen. Und das lernen wir in der Schule nicht. Es hat bereits seit geraumer Zeit ein globaler Leistungswettbewerb begonnen."[36]

1.3 Christliche Führungskräfte arbeiten gerne

Gott ist an der Arbeit: Biblische Arbeitsmoral liegt im Gottesbild begründet

Wohlstand und Reichtum sind nicht nur eine Frage des Besitzes, gemessen in Form von Geld oder anderen Gütern. In diesem Sinne wäre Saudi-Arabien steinreich. Was aber die Arbeitskraft und den Ideenreichtum des Einzelnen, die Produktivität, die Innovation und die Zukunftsperspektive über die Zeit des sprudelnden Öls hinaus betrifft, ist Saudi-Arabien weiterhin ein armes Land[37].

George Gilder verweist auf ein ähnliches Beispiel aus der Geschichte: „Vor vierhundert Jahren war Spanien so reich wie Saudi-Arabien heute. Das Silber aus den bolivianischen Potosi-Minen bescherte dem Land eine ungeheure Geldflut, die Spanien jedoch nicht in echten

---

[36]   Siegfried Buchholz, „Fit für die Zukunft – Aufspringen auf einen fahrenden Zug", S. 7–20, in: Jörg Knoblauch/Horst Marquart (Hg.), Fit für die Zukunft: Konzepte christlicher Führungskräfte, Gießen 1999, S. 13–14.

[37]   Vgl. George Gilder, Reichtum und Armut, München 1983, S. 64–65.

Wohlstand ummünzen konnte, sodass es bald wieder in seine frühere Armut zurückfiel, während die scheinbar ärmeren Länder Europas mit der Industrie aufblühten."[38]

Wohlstand hat wesentlich etwas mit Arbeit und mit dem Gewinn aus der Arbeit zu tun. Deswegen entscheidet sich jede Wirtschaftsethik und jeder tatsächliche Zustand der Wirtschaft wesentlich an der *Arbeitsmoral*, ein Begriff, der besagt, *dass es keine Arbeit ohne Moral gibt, dass also Arbeit immer der Ausfluss einer ethischen Anschauung ist.*

Wie beim Lieben und beim Denken beginnt die christliche „Arbeitsmoral" wieder bei Gott selbst, dem Schöpfer. *Schon im Schöpfungsbericht wird uns Gott als ein Gott vor Augen gestellt, der an der Arbeit ist.*[39] Martin Luther sprach von dem *deus semper actuosus*, dem unentwegt schaffenden Gott. Dass der Mensch sechs Tage arbeiten und am siebten Tag ruhen soll, wird in den Zehn Geboten damit begründet, dass Gott in sechstägiger Arbeit die Welt erschaffen hat und danach „von seiner Arbeit" (1Mo 2,2) ruhte. Die Bibel spricht häufig von Gottes Arbeit[40], von den „Werken [oder: Arbeit] deiner Hände" (Ps 138,8). Gott ist ein weiser Bau- und Werkmeister (Ps 104,24; Hebr 11,10). Der Mensch kann ruhig schlafen und die Arbeit ruhen lassen, denn: „Siehe, der Hüter Israels schläft und schlummert nicht" (Ps 121,4).

Für die biblische Arbeitsmoral[41] hat Arbeit deswegen eine große Würde, eine Würde, die in der Gottesebenbildlichkeit des Menschen begründet liegt. Wir werden sehen, dass die Verankerung der Arbeit in Gottes Schöpfertätigkeit viele praktische Konsequenzen hat. Drei seien

---

[38] Ebd., S. 65.
[39] Vgl. Dennis Peacocke, Almighty and Sons, Doing Business God's Way! Santa Rosa (CA) 1995, S. 51-54.
[40] Vgl. Horst Dietrich Preuß, „Arbeit I", S. 613-618, in: Gerhard Müller (Hg.), Theologische Realenzyklopädie, Bd. 3, Berlin 1993/1978, hier S. 614-615 (vgl. insgesamt zur „Arbeit", S. 613-669).
[41] Vgl. Alfred de Quervain, Ruhe und Arbeit, Lohn und Eigentum, Ethik II, Bd. 3, Zollikon 1956, S. 17-112.149-165; Miroslav Volf, „Arbeit, Geist und Schöpfung", S. 32-60, in: Hermann Sautter/ Miroslav Volf, Gerechtigkeit, Geist und Schöpfung: Die Oxford-Erklärung zur Frage von Glaube und Wirtschaft, Wuppertal 1992, und die gute Zusammenstellung bei Derek Prime, Biblische Lebenshilfen im Grundriß, Marburg 1990, S. 42-43, sowie die wichtigen Untersuchungen: Walther Bienert, Die Arbeit nach der Lehre der Bibel, Stuttgart 1954 475 S. (S. 414-428 umfangreiche Literatur); Alan Richardson, Die biblische Lehre von der Arbeit, Frankfurt 1953; Udo Krolzik, Umweltkrise: Folge des Christentums? Stuttgart 1979, S. 61-70. Die Untersuchung, die mit unseren Ausführungen zur Arbeitsethik am stärksten in Einklang steht, ist: Doug Sherman/William Hendricks, Your Work Matters to God, Colorado Springs 1990; John Stott, Christsein in den Brennpunkten unserer Zeit ... 3 ... im sozialen Bereich, Marburg 1988, S. 11-64; Michael A. Zigarelli, Christianity 9 to 5: Living Your Faith at Work, Kansas City 1998; „Arbeit", S. 189-204, in: Lexikon der Bioethik. 3 Bde. Bd. 1. Gütersloh 1998; Walter Künneth, Moderne Wirtschaft - Christliche Existenz, München 1959, S. 6-8, Abschnitt „Arbeit als Stiftung Gottes".

bereits vorab kurz genannt: 1) Je mehr Verantwortung einem übertragen ist, desto mehr Arbeit hat man auch. 2) Dabei ist Arbeit immer geteilte Arbeit, die den jeweiligen Gaben entspricht. 3) Sie ist Arbeit füreinander.

Die Würde der Arbeit

Arbeit ist also ein Bestandteil der Gottesebenbildlichkeit des Menschen. Wenn Gott sich nicht zu schade ist, an der Arbeit zu sein, hat jede Arbeit ihre Würde. Arbeit ist eben nicht an sich „entwürdigend" oder gar „Drecksarbeit", sondern Abbild der Schöpfertätigkeit Gottes. Ganz anders sah es dagegen die antike Welt: „Im Griechentum wurde die Arbeit als ein von den Göttern auferlegtes Verhängnis angesehen, dem man nicht entfliehen kann. Gott gleich zu leben, heißt, unbelastet von Arbeit zu leben. In der altorientalischen Umwelt wurde die Arbeit als Last angesehen, als Sklavendienst für die Gottheiten, die dadurch von der Arbeit befreit sind. Das Ziel dabei ist, sich diesem Dienst, dieser Arbeit möglichst weitgehend zu entziehen. Arbeit bedeutet eine Last ohne Würde."[42]

Doch nicht nur im außerchristlichen Bereich existierte eine solche falsche Sicht der Arbeit, wie vor allem die Jahrhunderte vor der Reformation zeigen. „Thomas von Aquin [1224-1274] vertrat die Ansicht, dass einzig und allein die Notwendigkeit zur Arbeit zwinge. Von daher ist es wenig verwunderlich, wenn der Nutzen der Arbeit im Hochmittelalter in der Überwindung des Müßiggangs, Zähmung des Körpers und der Gewinnung des Lebensunterhaltes gesehen wird. Daneben ist aber auch eine Tendenz auszumachen, durch die Übernahme griechischen (vornehmlich aristotelischen) Gedankengutes die Betonung des ‚beschaulichen' und die Geringachtung des ‚tätigen' Lebens zu vollziehen. So wurde das Freisein von körperlicher Arbeit des Ritter- und Priesterstandes legitimiert."[43]

Dem stellt Hermann Cremer den weltweiten Einfluss der biblischen Ethik gegenüber: „Erst dem Christentum, beziehungsweise der Reli

---

[42] Heiner Ruschhaupt, „Bauen und Bewahren", Der Navigator (Die Navigatoren: Bonn) Nr. 13 (Mai/Juni 1987): 2-3; vgl. auch Hans Frambach, Arbeit im ökonomischen Denken. Zum Wandel des Arbeitsverständnisses von der Antike bis zur Gegenwart, Marburg 1999.

[43] Friedrich Trzaskalik, „Katholizismus", S. 24-41, in: Michael Klöcker/Udo Tworuschka (Hg.), Ethik der Religionen - Lehre und Leben: Bd. 2: Arbeit, München/Göttingen 1985, hier S. 33.

gion der Offenbarung, verdankt die Welt eine andere Anschauung von dem Wesen und Wert der Arbeit. Indem das klassische Altertum die Aufgabe der Arbeit den unfreien, rechtlosen Ständen zuwies und damit in der Emanzipation von der Notwendigkeit, um Lohn zu arbeiten, erst ein menschenwürdiges Dasein erblickte, entehrte es die mit körperlicher Anstrengung verbundene Arbeit."[44]

Diese biblische Sicht wurde jedoch, wie wir an einem Beispiel sahen, im katholischen Mittelalter bis zur Reformation immer mehr verdunkelt. „Die Reformatoren, Luther und Calvin, begannen als erste, die Ausdrücke Beruf und vocatio[45] für die alltäglichen Aufgaben und Lebensstellungen des Menschen zu verwenden. Es ist wichtig anzumerken, dass sie dies im Protest gegen mittelalterlichen, ausschließlich auf die Berufung zum mönchischen Leben beschränkten Sprachgebrauch taten. Sie wünschten den doppelten ethischen Maßstab zu zerstören und zu zeigen, dass Gott auch in der Werktagswelt verherrlicht werden konnte."[46] „Martin Luther hat – hierin liegt eine seiner Umwertungen, deren Wirkung weit über den Protestantismus und die religiöse Sphäre hinausgereicht hat – die Arbeit geadelt und heilig gesprochen. Dies gilt auch für Arbeit, die dem Gelderwerb dient. Durch Luther ist in Abwandlung des Wortes ‚Berufung' der der deutschen Sprache zuvor unbekannte Begriff ‚Beruf' geschaffen worden."[47]

Insbesondere die protestantische Weltmission verbreitete dieses Arbeitsethos in aller Welt. Der „Vater der Missionswissenschaft", Gustav Warneck, schreibt dazu: „… die christliche Mission zeigt durch Wort und Vorbild, daß die durch die Sklaverei mit dem Brandmal der Schande gestempelte Arbeit auf einem göttlichen Gebot beruhe …"[48]

---

[44] Hermann Cremer, Arbeit und Eigentum in christlicher Sicht, Gießen 1984, S. 8.
[45] Lateinisch für Beruf/Berufung
[46] Alan Richardson, Die biblische Lehre von der Arbeit, aaO., S. 27.
[47] Gerhard Simon, „Bibel und Börse: Die religiösen Wurzeln des Kapitalismus", Archiv für Kulturgeschichte 66 (1984): 87–115, hier S. 101; vgl. Paul Althaus, Die Ethik Martin Luthers, Gütersloh 1965, S. 105–108.
[48] Gustav Warneck, Die Stellung der evangelischen Mission zur Sklavenfrage, Gütersloh 1889, S. 67.

Arbeit im „Garten Eden"

Der „Garten Eden" war kein Schlaraffenland, er brachte Arbeit mit sich. Adam und Eva mussten zur Nahrung Pflanzen anbauen, allen Tieren Namen geben usw.; sie mussten arbeiten (1Mo 1,26-30, bes. 28-29; 2,8.11-12.15.19-20). In 1.Mose 2,15 erhält der Mensch den Auftrag, die Erde zu *bearbeiten* und zu *bewahren*. Veränderung und Bewahrung sind die beiden Seiten jeder Arbeit. Arbeit „ist nicht Folge und Strafe der Sünde – das sind nach einmütiger Auffassung der jüdischen Ausleger zu Gen 3,17-19 nur ihre Schwere und ihr häufiges Mißlingen, die im Gegensatz zur Sorg- und Mühelosigkeit des Paradieses stehen. Körperliche Arbeit unterliegt folglich im Judentum im allgemeinen auch nicht der Verachtung wie bei Griechen und Römern."[49]

Hermann Cremer sieht es ähnlich: „Nicht die Arbeit selbst, sondern das Mißverhältnis zwischen Arbeit und Erfolg oder Ertrag und die damit sich verbindende, zu dem Erfolg nicht im Verhältnis stehende Last und Mühsal ist die Folge der Sünde."[50]

Auf der neuen Erde und im neuen Himmel (vgl. Jes 65,17-25) wird Arbeit zwar nicht mehr vergeblich sein, aber es wird sie weiterhin geben: „Sie werden Häuser bauen und bewohnen, Weinberge pflanzen und ihre Früchte essen. Sie sollen nicht bauen, was ein anderer bewohne, und nicht pflanzen, was ein anderer esse. ... und meine Auserwählten werden das Werk ihrer Hände genießen. Sie sollen nicht umsonst arbeiten und keine Kinder für einen frühen Tod zeugen. Denn sie sind die Nachkommen der Gesegneten des Herrn" (Jes 65,21-23).

Und selbst die ewige Gemeinschaft mit Gott ist kein Schlaraffenland, sondern ist mit Lob und Dienst für Gott angefüllt – im Gegensatz zum Islam, wo die Männer auf Betten liegen, essen, trinken und von schönen Frauen bedient werden. Der Islam kennt keinen im Paradies arbeitenden Adam, keine Arbeit, die unter einem Fluch steht, und keinen Dienst im Himmel[51].

---

[49]   Johannes Wachten, „Judentum", S. 9-23, in: Michael Klöcker/Udo Tworuschka (Hg.), Ethik der Religionen - Lehre und Leben: Bd. 2: Arbeit. München/Göttingen 1985, hier S. 10 (Gen = 1Mose). Leo Baeck, Das Wesen des Judentums, Wiesbaden 1991⁵, S. 221, schreibt: „Das Judentum lehrt den Segen der Arbeit ... Für das Judentum gehört die Arbeit zum Menschsein..."

[50]   Hermann Cremer, Arbeit und Eigentum in christlicher Sicht, aaO., S. 9.

[51]   Vgl. Monika Tworuschka, „Islam", S. 64-84, in: Michael Klöcker/Udo Tworuschka (Hg.), Ethik der Religionen - Lehre und Leben. Bd. 2: Arbeit, aaO., S. 67.69.

Wer etwas Gutes erreichen oder erhalten will, muss Arbeit investieren. Die in der Bibel häufig empfohlenen und gewünschten „guten Werke" sind nach dem verwendeten griechischen Begriff eigentlich „gute Arbeit". Und: „Es gibt nichts Gutes, außer man tut es!" (Erich Kästner).

Wann immer Sie ein seit langem glücklich verheiratetes Ehepaar kennen lernen, werden Sie schnell feststellen, dass keinem die gute Beziehung in den Schoß gefallen ist. Stattdessen hat dieses Paar in seine Beziehung Zeit und Arbeit „investiert". Es hat sich Zeit füreinander genommen, Probleme angesprochen und ausführlich diskutiert; es hat sich einen Weg erarbeitet, seiner Beziehung Vorrang vor anderer Arbeit (z.B. im Beruf oder für die Kinder) einzuräumen, und es hat seine Beziehung gepflegt, ja oft auch Hilfe von Freunden und Beratern in Anspruch genommen. „Von nichts kommt nichts", auch nicht in der Ehe. Wahre Liebe kommt nie im Nichtstun zum Ausdruck, vielmehr „lasst uns nicht mit Worten lieben, sondern in der Tat und in Wahrheit ..." (1Joh 3,18).

Beispiel aus dem familiären Bereich

Der Wert der Arbeit

Arbeit hat in der Bibel einen Wert an sich, gleichviel, ob dafür bezahlt wird oder nicht. Immerhin lautet die Bestimmung: „Der Arbeiter ist seines Lohnes wert" (1Kor 9,9; Lk 10,7; vgl. 5Mo 25,4). Wie ernst die Bibel die Bezahlung der Arbeit nimmt, zeigt Jeremia 22,13: „Wehe dem, der sein Haus mit Ungerechtigkeit baut und seine Obergemächer mit Unrecht, der seinen Nächsten umsonst arbeiten lässt und ihm seinen Lohn nicht gibt."

Die Feststellung: „Der Arbeiter ist seines Lohnes wert" macht jede Arbeit wertvoll und verpflichtet zu gerechter Bezahlung, die in keinem Fall vorenthalten werden darf (Mt 10,10; 5Mo 24,14; 3Mo 19,13). Das Gebot wird im Neuen Testament gleichermaßen als Verpflichtung der Kirche gegenüber den Ältesten (1Tim 5,17-18) wie auch als Grundsatzkritik an Unternehmern und am Materialismus verstanden: „Siehe, der von euch vorenthaltene Lohn der Arbeiter, die eure Felder geschnitten haben, schreit, und das Geschrei der Schnitter ist vor die Ohren des Herrn Zebaoth gekommen" (Jak 5,4).

Die Arbeit ist nicht erst dann etwas wert, weil und wenn dafür bezahlt wird, sondern Arbeit soll gerecht bezahlt werden, weil sie schon an sich einen Wert hat, also wertvoll ist. Deswegen hat die bezahlte Arbeit auch den gleichen Stellenwert wie die unbezahlte Arbeit. Wenn der Mensch sechs Tage arbeiten soll, heißt das nicht unbedingt, dass er sechs Tage für Geld arbeiten soll. Wenn man einmal aufzählt, was in Sprüche 31,11-31 als Tätigkeiten der Frau aufgelistet werden, ist man erstaunt, welche Vielfalt dort erscheint und wie die unterschiedlichsten Tätigkeiten mit und ohne Gelderwerb gleichberechtigt nebeneinander stehen.

Dies schließt allerdings auch ein, dass jeder Mensch gemäß seinen Fähigkeiten und Möglichkeiten arbeiten soll. Arbeit ist keine neutrale Naturordnung, keine Notwendigkeit an sich, sondern der Wille Gottes, der dem entspricht, wie er die Schöpfung eingerichtet hat.

Die Zehn Gebote beinhalten das Gebot „sechs Tage sollst du arbeiten" (2Mo 20,8-10; 5Mo 5,12-15), auch wenn hier nicht unbedingt eine sechstägige Arbeit für Geld („Sechstagewoche") gemeint ist. Dieses Gebot wird vielmehr auch von der Hausfrau, freiwilliger Sozialarbeit oder ehrenamtlichen Tätigkeiten erfüllt. Faulheit ist deswegen in der Bibel Sünde. „Eine der bittersten Anklagen der Propheten gelten den faulen Reichen (z.B. Amos 6,3-6)."[52] Reichtum kann etwas Positives sein und genossen werden, aber nicht, wenn er zum obersten Lebenszweck wird, und auch nicht, wenn er die Wohltat des Arbeitens verdrängt oder gar vernichtet.

Autorität bedeutet Arbeit

Gott ist ein Gott, der mehr arbeitet als alle Menschen, weil er mehr Autorität hat als alle Menschen. Er „schläft und schlummert nie" (Ps 121,4).

Dementsprechend bringt Verantwortung und Macht immer Mehrarbeit mit sich. Dass mehr Verantwortung und Autorität zu mehr Arbeit führt, ist ein Prinzip, das eine Besonderheit des Christentums (und Judentums) unter den Religionen darstellt. Die Autorität des Menschen über die Erde (1Mo 1,26-30) als „Krone der Schöpfung", also der Auftrag, die Erde zu hegen und zu pflegen, bedeutet gerade den Auftrag zur Arbeit, die Erde zu verwalten, die er ja nicht nur verändern („bebauen"), sondern auch erhalten („bewahren") soll, wie 1Mo 2,15 deutlich macht: „Gott der Herr nahm den Menschen und setzte ihn in den Garten, um ihn zu bebauen und zu bewahren."

---

[52]   Alan Richardson, Die biblische Lehre von der Arbeit, aaO., S. 16.

Auch und gerade für die Mächtigen gilt der Auftrag zur Arbeit. Könige führen deswegen in der Bibel ein besonders arbeitsames Leben wie z.b. ein Bundeskanzler oder seine Minister heute. In einer christlich geprägten Kultur würde ein Bundeskanzler sehr schnell abgewählt, wenn er das halbe Jahr Urlaub machen würde und mehr auf Mallorca als in der Hauptstadt wäre.

Beispiel aus dem staatlichen Bereich

Autorität wird sogar oft mit der Arbeit begründet, die Vorgesetzte für ihre Untergebenen leisten. So heißt es in 1.Korinther 16,15-16 von Verantwortlichen in der Gemeinde, „dass sie sich in den Dienst der Heiligen gestellt haben, dass ihr euch solchen unterordnet und jedem, der mitarbeitet und sich abmüht". Und der gewiss nicht einflusslose Paulus schreibt: „Ich habe mehr gearbeitet, als sie alle" (1Kor 15,10; 2Kor 11,23). Arbeit war der Preis für seine Verantwortung. In der Bibel arbeiten die Höhergestellten für ihre Untergebenen ebenso wie diese für sie. Eltern arbeiten für ihre Kinder, „Ernährer" für ihre Familien. Autorität bedeutet in der Bibel Arbeit, wobei die höchste Autorität, Gott selbst, mehr für uns einsetzt, als wir je füreinander tun könnten.

Beispiel aus dem kirchlichen Bereich

Auch die Autorität der Eltern über ihre Kinder verschafft den Eltern kein bequemes Leben, sondern eher Arbeit.

Aus dem familiären Bereich

Es ist verblüffend zu sehen, wie die Arbeitsmoral in einem engen Zusammenhang steht zu den jeweiligen Religionen und Gottesbildern. Buddha ist der Inbegriff eines Gottes, der nicht arbeitet, weil er eben Gott ist. Er lässt sich bedienen, und jeder kann schon an seinem äußeren Erscheinungsbild sehen, wie sich die Sache verhält. Der Buddhismus richtet seine Arbeitsmoral an seinem Gottesbild aus. Der nicht arbeitende, in sich ruhende und von seiner Ruhe und den Geschenken dick gewordene Buddha prägt die Zielvorstellung derer, die an ihn glauben. Das buddhistische Mönchsideal unterstreicht das. Der Buddhismus kennt kein Wort für Arbeit[53], und Arbeit ist kein Thema der buddhistischen Ethik[54]. Buddhismus und Sozialismus haben in

---

[53] Vgl. Peter Gerlitz, „Buddhismus", S. 100-118, in: Michael Klöcker/Udo Tworuschka (Hg.), Ethik der Religionen - Lehre und Leben. Bd. 2: Arbeit, München,/Göttingen 1985, S. 101.
[54] Ebd.

Fragen der Arbeit und der Wirtschaft viel gemeinsam, wie eine Reihe von buddhistischen Autoren hervorgehoben hat[55].

Beispiel aus dem staatlichen Bereich

Auch in vielen anderen Religionen und Kulturen gilt der Satz, dass Macht bedeutet, nicht arbeiten zu müssen. Es hat auch in Europa absolutistische Fürsten gegeben, die ihre Regierungsgeschäfte nur mit der linken Hand erledigten. Ansonsten vergnügten sie sich mit Wein, Weib und Gesang auf Kosten ihres Volkes.

Göttliche und menschliche Arbeitsteilung

Innerhalb der göttlichen Dreieinigkeit ist alles Planen und Tätigsein schon geteilte Arbeit. Die Personen der Dreieinigkeit lieben einander, sprechen miteinander, tun etwas füreinander. Nur bei geteilter Arbeit kann man einander dienen. Die Bibel möchte, dass wir durch die Arbeitsteilung voneinander abhängig sind und einander dienen. Die Vielfalt der Geistesgaben macht dies für die Gemeinde deutlich. Auch diese Vielfalt geht auf die Arbeitsteilung innerhalb der Trinität zurück.

Beispiel aus dem familiären Bereich

Die Familie ist das beste Beispiel für Arbeitsteilung, weswegen Karl Marx Recht hat, wenn er Arbeitsteilung und Ehe und Familie praktisch gleichsetzt. Mann und Frau haben unterschiedliche Aufgaben von Gott erhalten und teilen sich die Arbeit, was ein wesentliches Element der Ehe ausmacht. Die Einheit in der Vielfalt gilt in der Ehe ebenso wie überall, wo gearbeitet wird, ob in der Familie, der Kirche, der Wirtschaft, der Kultur oder dem Staat.

Begrenzte Arbeit: Arbeit und Ruhe

So sehr der Mensch auch zum Arbeiten geschaffen ist[56], ist Arbeit in der Bibel immer auch begrenzte Arbeit. Die Arbeitsteilung ist nur einer der vielen

---

[55] Vgl. ebd., S. 112–115.

[56] Allerdings erweist sich der Zusammenhang von Arbeitslosigkeit und höherer Selbstmordrate, mit dem oft begründet wird, dass der Mensch zum Arbeiten geschaffen sei, vermutlich als unbegründet; vgl. „Kein Zusammenhang zwischen Suizid und Arbeitslosigkeit", Deutsches Ärzteblatt 87 (1990), Nr. 31/32 (6.8.1990): S. A-2411 als Zusammenfassung von I. K. Crombie, „Trends in Suicide and Unemployment in Scotland 1976-86", British Medical Journal 298 (1987): 782–784.

Gründe dafür. Der Mensch soll sich nicht „überarbeiten" und völlig in der Arbeit versinken. Man könnte es auch anders formulieren: In der Bibel ist Arbeit nie ein Selbstzweck, sondern steht immer – nach Gott und seiner Gerechtigkeit (vgl. Mt 6,33) – an zweiter Stelle. Dies ist der Sinn des siebten Ruhetages. Der Mensch erinnert sich daran, dass er „die sechs Arbeitstage" (Hes 46,1) nur arbeiten kann, weil der Schöpfer ihn erschaffen hat und weil Gott ihm die Schöpfung zur Verfügung stellt.

Helmut Thielicke hat dazu treffend festgestellt, dass das biblische Verständnis der Arbeit „zwischen der antik-griechischen Abwertung der Arbeit und ihrer modernen idealistischen Verklärung"[57] liegt. Die Arbeit soll unser ganzes Leben ausfüllen, und dennoch ist sie nicht das Letzte und alles Entscheidende.

Jeder arbeitende Mensch weiß, wie schwer es sein kann, Arbeit, Ehe und Familie unter einen Hut zu bringen. Der Ehepartner weiß in der Regel sehr gut zu unterscheiden, ob die Arbeit des anderen zum Selbstzweck und höchsten Wert geworden ist, dem sich der Partner und die Kinder grundsätzlich unterzuordnen haben oder nicht. Das hat nicht unbedingt etwas mit der anfallenden Arbeit oder der Zeiteinteilung zu tun. Weiß Ihr Kind, dass seine Probleme Vorrang vor den Problemen der ganzen Welt haben? Oder muss es möglicherweise erst Drogen nehmen, bis Sie sich wirklich Zeit nehmen? Weiß Ihr Ehepartner, dass seine Probleme von Ihnen genauso ernst genommen werden, wie die Ihres Vorgesetzten oder Ihrer Firma? Sind Sie genauso kreativ, Familienprobleme zu lösen, wie Wirtschaftsprobleme?[58]

Beispiel aus dem familiären Bereich

Eine japanische Anwaltsvereinigung rechnet damit, dass in Japan jährlich 10.000 Menschen an Überarbeitung sterben[59]. Der „Tod durch Überarbeitung", vom japanischen Arbeitsministerium offiziell als Todesursache anerkannt, hat im Japanischen seinen eigenen Namen *(karoshi)* und geht meist auf ein Übermaß an Überstunden und fehlende Erholung zurück. „Die Wohnung wird zur reinen Schlafstätte."[60]

Beispiel aus dem wirtschaftlichen Bereich

---

[57] Helmut Thielicke, Theologische Ethik, 2. Bd., 1. Teil: Mensch und Welt, Tübingen 1959², S. 396-397.
[58] Vgl. dazu aus säkularer Sicht das ausgezeichnete Buch von Günter F. Gross, Beruflich Profi, privat Amateur? Berufliche Spitzenleistungen und persönliche Lebensqualität, Landsberg 1996¹³.
[59] „Feierabend für Japans Wegwerfarbeiter?" Die Welt Nr. 147 vom 26.6.1992, S. 3; D. P., „Zu Tode gearbeitet", Der Kassenarzt 12/1991: 32.
[60] Ebd.

Gott als Arbeit-Geber: Ohne Gott keine Arbeit

Der siebte Tag will den Menschen daran erinnern, dass er ohne Gott nicht wirklich arbeiten könnte und alle seine Arbeit im Grunde genommen vergeblich wäre. Dies gilt jedoch auch ganz allgemein: „Wenn der Herr das Haus nicht baut, so arbeiten umsonst, die daran bauen. Wenn der Herr nicht die Stadt behütet, so wacht der Wächter umsonst. Es ist umsonst, daß ihr früh aufsteht und danach lange sitzt und eßt euer Brot mit Sorgen, denn seinen Freunden gibt er es im Schlaf" (Ps 127,1-2). Sprüche 10,22 sagt es noch knapper: „Der Segen des Herrn macht reich, und Abmühen fügt neben ihm nichts hinzu" (vgl. Mt 6,24-34). Wenn Jesus seinen Nachfolgern sagt: „Ohne mich könnt ihr nichts tun" (Joh 15,5), bezieht sich das nicht nur auf „geistliche" Fragen. Ohne Gott kann niemand irgendetwas tun. Schon im Paradies konnten die ersten Menschen nur wirtschaften, weil Gott ihnen einen Garten pflanzte und sie mit vielen Fähigkeiten ausgestattet hatte.

Nach 2. Mose 31,2-6 und 35,31 konnten die Künstler die Stiftshütte nur so schön bauen, weil Gottes Geist ihnen diese handwerklichen Fähigkeiten verliehen hatte. Deswegen gehört Dankbarkeit Gott gegenüber mit der Arbeit untrennbar zusammen. In „Jes. 28,23-29 wird gesagt, dass der Erfolg des Bauern beim Pflügen, Säen, Pflanzen, Reifen, Dreschen, Mahlen und Brotbacken auf Gottes Unterweisung zurückgeht"[61]: „So unterwies ihn sein Gott zum richtigen Verfahren, er belehrte ihn" (Jes 28,26).[62]

Dass die Arbeit von Gott gegeben ist und ihm untergeordnet werden muss, kommt nicht nur im Ruhetag zum Ausdruck. Im Alten Testament gaben die Israeliten die Erstlinge und den Zehnten Gott ab und bezeugten damit, dass Gott ihnen die Arbeit ermöglicht hatte. Gustav Friedrich Oehler weist in diesem Zusammenhang darauf hin, dass es sich beim „Opfermaterial", das die Menschen Gott darbrachten, „um die vom Volke durch seine Berufsarbeit gewonnene ordentliche Nahrung"[63] handelte, wie dies schon beim ersten Opfer von Kain und Abel deutlich wird. Auch darin kommt die enge Verbindung zwischen Arbeit und Gottesdienst zum Ausdruck.

---

[61] Alan Richardson, Die biblische Lehre von der Arbeit, aaO., S. 15.
[62] Vgl. die detaillierte Beschreibung der Arbeiten im Textzusammenhang.
[63] Gustav Friedrich Oehler, Theologie des Alten Testaments, Stuttgart 1891³. S. 437.

Arbeit für Gott

Arbeit – so verstanden – geschieht letztlich nicht für den Arbeiter selbst, für seine Familie oder für den menschlichen Arbeitgeber, sondern für den Arbeit-Geber im wahrsten Sinne des Wortes, für Gott: „Und alles, was ihr tut in Worten oder in Werken, das tut alles im Namen des Herrn Jesus, und sagt Gott, dem Vater, Dank durch ihn" (Kol 3,17). „Was ihr auch tut, arbeitet von Herzen für den Herrn und nicht für die Menschen, weil ihr wisst, dass ihr vom Herrn als Vergeltung das Erbe empfangen werdet. Ihr dient dem Herrn Christus" (Kol 3,23-24). Auch diese Verse sind nicht nur auf religiöse Aktivitäten zu beziehen, denn es heißt: „Alles, was ihr tut".

„Der Adel der Arbeit fließt nicht mehr aus ihrem Was, sondern aus ihrem Warum. Durch den Dienstauftrag Gottes und durch die Dienlichkeit für den Nächsten ist die geringste technische Arbeit gleichwertig wie die ‚geistige'."[64]

Schon manch einer hat daran Anstoß genommen, dass die Bibel Sklaven auffordert, besonders gut und ehrlich für ihre Herren zu arbeiten (z. B. Tit 2,9-11; Eph 6,5-9; Kol 3,22-4,1; 1 Tim 6,1-2; 1 Petr 2,18-25; 1 Kor 7,21-24). Die Begründung ist jedoch wichtig: „nicht in Augendienerei, als Menschengefällige, sondern in Einfalt des Herzens, den Herrn (Christus!) fürchtend. Was ihr auch tut, arbeitet von Herzen für den Herrn und nicht für die Menschen" (Kol 3,22-23). Nicht der Lohngeber ist der eigentliche Arbeitgeber, sondern Gott! Der christliche Sklave weiß, dass seine Arbeit in Gottes Augen gut und würdig ist.

Erst von dieser Grundeinstellung ausgehend folgen die scharfen Mahnungen an die Arbeitgeber (Kol 3,25-4,1), in denen sie an ihre rechtlichen Verpflichtungen erinnert werden, weil Gott kein Ansehen der Person kennt.

Derselbe Paulus, der Sklaven ermuntert, gut zu arbeiten und ihr Christsein als Sklaven zu bewähren, konnte schreiben: „Jeder bleibe in dem Stand, in dem er berufen wurde [den er hatte, als Gott ihn zum Glauben rief]. Bist du als Sklave berufen worden, so lass es dich nicht bekümmern; wenn du aber frei werden kannst, mach umso lieber Gebrauch davon. Denn der im Herrn berufene Sklave ist ein Freigelassener des Herrn, ebenso ist der als Freier berufene ein Sklave

---

[64] Emil Brunner, Das Gebot und die Ordnungen, Zürich 1939⁴, S. 373.

Christi" (1Kor 7,20-22). Im Philemonbrief setzt sich Paulus vehement für die Freilassung eines Sklaven ein. Ist das ein Widerspruch zu den Texten, in denen Paulus die Sklaven zum Gehorsam aufruft? Keineswegs! Jeder Mensch ist nach der Bibel ein Sklave der Sünde und in der Rebellion gegen Gott gefangen. Wenn er die Berechtigung dieses Urteils Gottes über ihn und des stellvertretenden Opfertodes Jesu Christi für ihn akzeptiert, ist er ein von Gott Berufener. Die Vergebung der Sünden befreit ihn zu einem neuen Leben. Für dieses neue Leben mit Gott müssen sich nicht und sofort alle äußeren Lebensumstände zum Guten kehren. Auch als von anderen Abhängiger (als Sklave) kann der Mensch Gott voll und ganz dienen.

Das hat nichts mit der Frage zu tun, ob man Sklaverei tolerieren oder gar befürworten soll. Paulus empfiehlt die Freilassung und setzt sich nachdrücklich dafür ein (,,wenn du aber frei werden kannst, mach um so lieber Gebrauch davon"). Es bedeutet allerdings, dass der Glaube an Gott alle anderen Werte in ein neues Licht rückt. Nicht die Arbeit als solche macht das Leben wertvoll, sondern der Schöpfer und Erlöser, der uns mit Arbeit betraut. Die Überzeugungskraft des Christentums besteht gerade darin, dass es unter Berufung auf die Gerechtigkeit Gottes in aller Deutlichkeit Gerechtigkeit fordert und fördert, aber selbst dann, wenn diese verweigert wird, dankbar gegenüber Gott bleibt und sich nicht von äußeren Umständen abhängig macht.

Arbeit für andere

Arbeit ist nie nur Arbeit für den Arbeitenden, sondern immer auch Arbeit für andere. Arbeit ist Dienst.

Zum einen ist die Arbeit selbst Dienst an anderen. Unsere Sprache hat unter christlichem Einfluss in vielfältiger Weise festgehalten, dass Arbeit Dienst ist. ,,Minister" ist das lateinische Wort für ,,Diener", wie wir überhaupt öffentliche Ämter als ,,Öffentlichen Dienst"[65] bezeichnen. Und wir sprechen von ,,Dienstleistung" und vom ,,Dienstleistungssektor".[66]

Zum anderen geht aber auch der Ertrag der Arbeit nicht einfach nur an den Arbeitenden. Paulus schreibt: ,,Den Reichen in dieser Welt gebiete, dass sie nicht stolz sein sollen, noch ihre Hoffnung auf die Un-

---

[65] Vgl. Alan Richardson, Die biblische Lehre von der Arbeit, aaO., S. 44-45.
[66] So gut dieser Begriff ist, darf er doch nicht etwa vermitteln, dass in anderen Bereichen der Wirtschaft kein ,,Dienst geleistet" würde.

gewissheit des Reichtums setzen sollen, sondern auf Gott, der uns alles reichlich darreicht, um es zu genießen, und dass sie Gutes tun, reich an guten Werken, freigebig und behilflich sein sollen, um sich selbst eine gute Grundlage für die Zukunft zu sammeln, um das wirkliche Leben zu ergreifen" (1 Tim 6,17-19). Reichtum soll hier also sowohl dem eigenen Genuss, als auch anderen dienen, wobei der Dienst für andere im Himmel auch dem Dienenden selbst wieder zugute kommt. „Es wird im Neuen Testament nicht verkannt, daß die Arbeit der Lebenserhaltung dienen soll (Eph 4,28; 1 Thess 4,11; 2 Thess 3,8 und 12). Aber auch nach dieser Seite ist der Ertrag nicht bloß für den bestimmt, der sie leistet."[67]

Ein fester Anteil – im Alten Testament der Zehnte – gehört Gott, ein weiterer Anteil über die Steuern der staatlichen Gemeinschaft. Darüberhinaus ist die Versorgung der eigenen Familie geboten (1 Tim 5,8). Für Christen gilt zudem die soziale Verpflichtung innerhalb der christlichen Gemeinde und der weltweite Einsatz in Mission und Diakonie. Den Dieb, der bisher auf Kosten anderer gelebt hat, fordert Paulus auf, jetzt als Christ anderen zu helfen: „Wer gestohlen hat, stehle nicht mehr, sondern mühe sich vielmehr und wirke mit seinen Händen das Gute, damit er dem Bedürftigen etwas zu geben hat" (Eph 4,28).

Wie so oft haben wir an dieser Stelle zwei Seiten zu berücksichtigen. Einerseits geschieht Arbeit zur eigenen Versorgung, andererseits dient Arbeit anderen: Sei es, dass die Arbeit direkt für sie geschieht (z.B. die Arbeit eines Busfahrers), sei es, dass ihnen das Ergebnis der Arbeit etwas nützt (z.B. der gefertigte Kinderwagen) oder sei es, dass der Arbeitende anderen etwas von seinem Lohn weitergibt (z.B. Lebensunterhalt für seine Familie). John Stott nennt dies „das biblische Prinzip der Gegenseitigkeit"[68]. Diese beiden Seiten dürfen nie gegeneinander ausgespielt werden. So schreibt ein säkularer Wirtschaftswissenschaftler, der die biblischen Zusammenhänge besser verstanden zu haben scheint als mancher Christ: „Der Glaube, dass das Glück der anderen am Ende auch einem selbst nützt, findet nur schwer den Weg zum menschlichen Herzen. Jedoch ist dies die Goldene Regel der Wirtschaft, der Schlüssel zu Frieden und Wohlstand und eine Voraussetzung für den Fortschritt."[69]

---

[67] Hermann Cremer, Arbeit und Eigentum in christlicher Sicht, aaO., S. 11.
[68] John Stott, Christsein in den Brennpunkten unserer Zeit ... 3., aaO., S. 38-42.
[69] George Gilder, Reichtum und Armut, aaO., S. 19.

Wie ist das einer säkularen Umwelt zu vermitteln?

Die Würde des Menschen erwächst nicht aus seiner Arbeit, sondern geht ihr voraus und gilt auch für Menschen, die nicht arbeiten können, z.B. ein Baby. Der Mensch soll auch nicht in seiner Arbeit aufgehen und sein Leben völlig auf sie bauen. Er soll vielmehr einen umfassenderen, ganzheitlichen Wertekanon haben, der in unserer Tradition vor allem im arbeitsfreien Sonntag zum Ausdruck kommt. Aber doch führt die Würde des Menschen unter normalen Umständen automatisch dazu, dass jeder Mensch durch seine Arbeit dazu beiträgt, diese Welt mitzugestalten und füreinander da zu sein und so das Zusammenleben erst zu ermöglichen. Das bedeutet Erfüllung für ihn selbst, der eben nicht – wie ein Tier – instinktmäßig alles hinnimmt, sondern verändern und planen will. Das bedeutet aber auch Leben für andere. Der Einzelne kann nur existieren, weil viele andere direkt und indirekt für ihn tätig sind und die Voraussetzungen für ein menschenwürdiges Leben schaffen – der Schuhmacher, der ihm gutes Schuhwerk besorgt, ebenso wie der Polizist, der ihn schützt, oder der Arzt, der ihn heilt.

Die Bürde der Arbeit

Erst hier folgt nun gewissermaßen die negative Seite der Arbeit. Im Zusammenhang mit dem Sündenfall wird der Ackerboden mit dem Fluch belegt (1Mo 3,17-19; 5,29), sodass die Arbeit beschwerlich und mühsam wird und neben dem Erfolg und Ertrag auch immer wieder Misserfolg („Dornen und Disteln") und Zerfall stehen. Der Mensch meinte als Krone der Schöpfung die Würde der Arbeit haben zu können, gleichzeitig aber den Geber aller Arbeit und der Schöpfung missachten zu können. Seitdem wird jeder Mensch Tag für Tag durch die Beschwerlichkeit und Bürde seiner Arbeit daran erinnert, dass sein Verhältnis zu Gott zerstört ist. Wer sich eine „paradiesische" Arbeit wünscht, leugnet den Sündenfall und dessen Folgen. Denn auch die mühselige Arbeit ist uns von Gott aufgetragen: „Ich habe das Geschäft gesehen, das Gott den Menschenkindern gegeben hat, sich darin abzumühen" (Pred 3,10).

Immerhin zieht der Verfasser des Buches Prediger daraus nicht den Schluss, dass man besser nicht arbeiten soll, sondern dass man sich umso mehr – trotz aller Mühe – an dem Schönen erfreuen darf und soll: „Ich erkannte, dass es nichts Besseres unter ihnen gibt, als sich zu freuen und sich in seinem Leben gütlich zu tun. Aber auch, dass jeder Mensch isst und trinkt und Gutes sieht bei all seinem Mühen, das ist eine Gabe Gottes" (Pred 3,12-13).

Die Bibel fordert uns auf, diese tägliche Mühe auf uns zu nehmen. Wer stiehlt oder auf Kosten anderer lebt, verschiebt nur die Mühe von sich auf andere, wie folgende Aussage des Apostels zeigt: „Denn ihr selbst wisst, wie man uns nachahmen soll. Denn wir haben nicht unordentlich unter euch gelebt, haben auch nicht das Brot von irgendjemandem umsonst gegessen, sondern wir haben mit Mühe und Beschwerde Nacht und Tag gearbeitet, um keinem von euch beschwerlich zu fallen" (2Thess 3,7-8).

Weitere Beispiele aus den Briefen des Paulus lassen erkennen, dass jeder Christ seine eigene Bürde schultern soll: „Wir mahnen euch aber, Geschwister, ... eure Ehre daran zu setzen, ein ruhiges Leben zu führen und sich um die eigenen Angelegenheiten zu kümmern und mit euren eigenen Händen zu arbeiten, wie wir es euch geboten haben, damit ihr anständig lebt vor den Nichtchristen und auf niemand angewiesen seid" (1Thess 4,10-12). „Denn auch als wir bei euch waren, haben wir euch dies geboten: Wer nicht arbeiten will, soll auch nicht essen. Denn wir hören, dass einige von euch unordentlich leben, indem sie nicht arbeiten, sondern unnütze Dinge treiben. Solchen aber gebieten wir und ermahnen sie im Herrn, dass sie in Stille arbeiten und ihr eigenes Brot essen. Geschwister, werdet nicht müde, Gutes zu tun" (2Thess 3,10-13).

Das bedeutet nun gerade nicht, dass man mit seiner Arbeit niemanden unterstützen dürfte, der keine Arbeit hat. Im Gegenteil, den Dieb, der bisher auf Kosten anderer lebte, fordert Paulus auf, anderen zu helfen: „Wer gestohlen hat, stehle nicht mehr, sondern mühe sich vielmehr und wirke mit seinen Händen das Gute, damit er dem Bedürftigen etwas zu geben hat" (Eph 4,28). Dass der ehemalige Dieb für sich selbst sorgen soll, wird gar nicht eigens erwähnt, sondern stillschweigend vorausgesetzt. Das Entscheidende ist, dass der ehemalige Dieb nun auch für andere arbeitet.

Basilius der Große[70] (ca. 329-379 n. Chr.) stellt unter Rückgriff auf den 2. Thessalonicherbrief die christliche Arbeitsmoral dar, wenn er

---

[70] Basilius der Große, Ausführliche Regeln 41, 1-2, abgedruckt in Alfons Heilmann (Hg.), Texte der Kirchenväter, Bd. 3, München 1964, S. 228-229; vgl. ebd. S. 224-240 zahlreiche Texte von Kirchenvätern zur christlichen Sicht der Arbeit. Vgl. zur Stellung der frühen Kirche zur Arbeit: Adolf von Harnack, Die Mission und Ausbreitung des Christentums in den ersten drei Jahrhunderten, Wiesbaden o. J. (ND von 1924⁴), S. 197-200.

darauf hinweist, dass Arbeit auch den Sinn hat, die Armen versorgen zu können.

1.4 Die drei Seiten jeder Entscheidung

Wir sind jetzt eingestimmt zu lieben, zu denken und zu arbeiten, wenn wir Entscheidungen treffen.

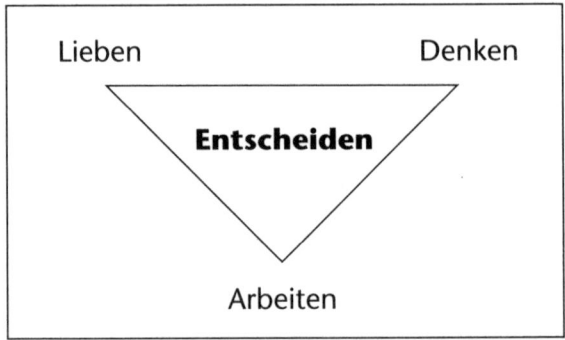

Im Folgenden wollen wir drei Aspekte jeder Entscheidung, insbesondere jeder Führungsentscheidung, nacheinander betrachten.

Der normative Aspekt kommt in der Bibel in der Bedeutung der unveränderbaren **Gebote** Gottes zum Ausdruck. In der Ethik generell finden wir ihn am stärksten in den Grundwerten wieder.

Der situative Aspekt kommt in der Bibel in der Bedeutung der **Weisheit** zum Ausdruck, die aufgrund von Erfahrung und der konkreten Situation abwägt. In der Ethik generell spielen hier die so genannte Pflichtenkollision, die Situationsethik und die kulturelle Anpassung eine Rolle.

Der existentielle Aspekt kommt in der Bibel in der Bedeutung des **Herzens** und des **Gewissens** zum Ausdruck, in dessen Inneren aufgrund normativer und situativer Überlegungen die eigentliche Entscheidung fällt. In der Ethik generell wird hier vom Gewissen und von den Motiven gesprochen.

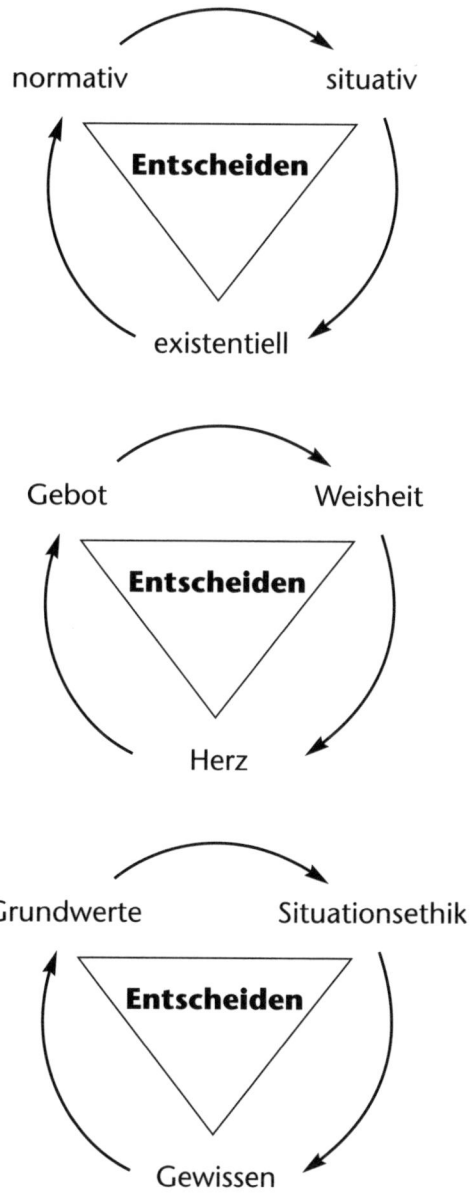

Normativ, situativ und existentiell stehen für klassische Entwürfe der Ethik. Sie gehen davon aus, dass dem Menschen durch Normen und Gebote vorgegeben ist, wie er zu handeln hat; der Mensch nur in der Situation erfassen kann, was das Beste ist, oder aber die ethische Entscheidung in unserem Innersten als Ringen um unsere Existenz stattfindet.

Ich halte alle drei Entwürfe dann für falsch, wenn sie für sich allein stehen und gegen die anderen Schwerpunkte ausgespielt werden. Ich halte alle drei Entwürfe für berechtigt, wenn sie sich als wichtiges Glied in einer Gesamtentscheidung verstehen. Vor allem bin ich der Meinung, dass alle drei Aspekte in der Bibel breit bezeugt sind, nicht als Gegeneinander, sondern als Ergänzung.[71]

Wenn ich im Folgenden verschiedene Aspekte diesen drei Schwerpunkten zuordne, so ist das nicht so zu verstehen, als sei eine perfekte Abgrenzung möglich. Dies gilt insbesondere für die vielen Beispiele. Da jede Entscheidung alle drei Aspekte enthält, könnte man die meisten Beispiele auch unter anderen Kategorien aufführen, aber ich betone jeweils einen Aspekt besonders.

---

[71] So auch John M. Frame, Perspectives on the Word of God. An Introduction to Christian Ethics, Eugene (OR) 1999²; Phillipsburg (NJ) 1990, S. 51-56.

2. Kapitel: Normativ entscheiden

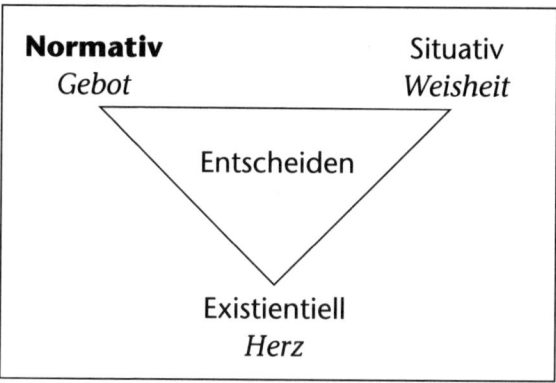

2.1 Normativ führen heißt Werte setzen und Grenzen ziehen

Werte und Glaube

„Keine menschliche Gemeinschaft kommt ohne Normen aus, weil der Mensch (im Gegensatz zum Tier, das vom Instinkt geleitet wird) nicht einfach von Natur aus weiss, wie er sich verhalten muss, damit die Gemeinschaft funktioniert."[72]

Wir müssten hier nun alles wiederholen, was wir bereits zu Beginn zur Liebe und zum Verhältnis der Liebe zu den Geboten und Werten gesagt haben. Gegebenenfalls sollte der Abschnitt zur Liebe noch einmal überflogen werden (vgl. 1.1).

Werte und Normen werden also in ihrem Sinn von der Liebe her bestimmt. Sie setzen die Bereitschaft voraus, sie aus Liebe zu verteidigen und aus Liebe Grenzen zu ziehen, wo diese Werte mit Füßen getreten werden. Diese Werte sind dem Menschen nicht an sich vor-

---

[72] Andreas Henrici, „Das schweizerische Recht", S. 365-369, in: Niklaus Flüeler/Roland Gfeller-Corthésy, Die Schweiz, Ex Libris Verlag/Migros o. O. 1975, hier S. 365.

gegeben, lassen sich auch nirgends „an sich" ermitteln oder durch wissenschaftliche Forschung nachweisen, sondern ergeben sich aus dem Glauben eines jeden Menschen, wobei hier „Glaube" nicht im präzisen Sinne verstanden wird, sondern alles umfasst, worauf sich der Mensch verlässt, ohne es vorab beweisen zu können.

Die Bedeutung des Glaubens für die Werte bedeutet allerdings nicht, dass diese Werte dem Nachdenken entzogen sind, denn die Auswirkungen solcher Grundentscheidungen kann man sehr wohl im tatsächlichen Leben überprüfen.

Gibt es Menschen ohne Ethik?

„Alles menschliche Denken und Tun hängt mit einer Weltanschauung zusammen. Jedermann ordnet sich und sein Handeln in den Rahmen einer umfassenden Deutung von Mensch und Welt ein, innerhalb derer sein Verhalten erst Sinn gewinnt."[73]

Diese Aussage und das Zitat zu Beginn des Kapitels stammen bezeichnenderweise von einem Juristen und einem Naturwissenschaftler, nicht von Theologen. Wenn dagegen heute überzeugte Christen ihre moralischen Vorstellungen darlegen, ernten sie oft nur noch ein müdes Lächeln. Die Bibel als Maßstab für moralisch-sittliches Handeln? Sollen „uralte" Vorstellungen von dem, was gut und böse ist, heute noch Gültigkeit besitzen? Doch ist Ethik etwa nur eine Sache der Christen und der übrigen Weltreligionen? Sicher nicht, wie die folgende atheistische Definition von Ethik zeigt: „Ethik: Sittenlehre; Teil der Philosophie, der das Sittliche oder die Moral, d. h. die sittlichen Verhaltensweisen, Werte, Normen und Anschauungen der Menschen sowie die Gesetzmäßigkeiten der Moralentwicklung, untersucht und die Aufgabe hat, die moralischen Werte und Normen in Übereinstimmung mit den objektiven gesellschaftlichen Erfordernissen zu entwickeln und zu begründen."[74]

Diese Definition entstammt nicht einem „religiösen" Buch, sondern dem „Wörterbuch der marxistisch-leninistischen Philosophie" der ehemaligen DDR. Die Ethik ist seit Jahrtausenden eine Domäne der Philosophie. Wer heute an der Universität Philosophie studiert, muss

---

[73] Hansjörg Hemminger, Psychotherapie. Weg zum Glück? Zur Orientierung auf dem Psychomarkt, München 1987, S. 5.

[74] Alfred Kosing, Wörterbuch der marxistisch-leninistischen Philosophie, (Ost-)Berlin 1986², S. 166.

auch Vorlesungen und Seminare im Fach Ethik besuchen. Wer eine „Geschichte der Ethik" zur Hand nimmt, wird vermutlich ein philosophiegeschichtliches Werk vorfinden[75]. Fast alle bekannteren Philosophen bis in die neueste Zeit hinein haben auch eine Ethik entwickelt[76]. Manche Philosophen, wie z.B. Immanuel Kant, sind sogar wegen ihrer ethischen Systeme in die Geschichte eingegangen. Das philosophisch-ethische System der neomarxistischen so genannten „Frankfurter Schule"[77] (Adorno, Horkheimer, Habermas, Marcuse) gewann großen Einfluss auf Schulpolitik und Gesetzgebung der Bundesrepublik Deutschland. Wahrscheinlich ist diese philosophische Vorgeschichte der Grund, warum viele Führungskräfte heute Ethik als etwas Hochtheoretisch-Trockenes mit ausgeprägter Insidersprache ansehen.

Ähnlich sieht es mit der Ethik in anderen Fächern aus. An der medizinischen Fakultät wird eine medizinische Ethik gelehrt; der modernen Pädagogik liegen Vorstellungen über die ethischen Erziehungsziele zugrunde; die Psychologie stellt mit großer Selbstverständlichkeit immer neue Wertesysteme auf, die eifrig an die Kunden weitergegeben werden; und nicht zuletzt beschäftigt sich die juristische Fakultät ununterbrochen mit ethischen Entscheidungen, namentlich in ihrem Zweig „Rechtsdogmatik", der die Grundlagen der Rechtsprechung legt und erarbeitet, welche Werte es zu schützen gilt.

Während jedoch Philosophen, Mediziner, Pädagogen, Psychologen und viele andere Wissenschaftler einschließlich der liberalen Theologen ihre „wissenschaftliche" Ethik betreiben und verbreiten dürfen (von den zahllosen ethischen Vorstellungen außerhalb der Universitäten ganz zu schweigen) und sich Millionen Menschen nach ihren unterschiedlichen Maßstäben richten, müssen sich überzeugte Christen häufig gefallen lassen, wegen ihrer moralischen Vorstellungen als Hinterwäldler, Ewiggestrige und Störenfriede verunglimpft zu werden. Man vergisst dabei allzu leicht, dass es tatsächlich keinen Menschen gibt, der ohne bewusste oder unbewusste Ethik lebt und leben kann.

---

[75] Z.B. Friedrich Jodl, Geschichte der Ethik, Essen 1982 (ND von Bd. 1: 1929⁴; Bd. 2: 1923³); besonders interessant zur vermeintlich wissenschaftlichen Ethik der Evolution Bd. 2, S. 455ff.

[76] Vgl. die Auswahl in Karl-Otto Apel/Gerhard Plumpe, Praktische Philosophie/Ethik. Bd. 1. Aktuelle Materialien zum Funk-Kolleg, Frankfurt 1980.

[77] Vgl. zur Darstellung und Kritik Jacob Klapwijk, Philosophische Kritik und göttliche Offenbarung, Riehen 1991.

Quellen der evangelischen Ethik

Wenn es um normative Entscheidungen und um Werte geht, stellt sich die Frage, woher christliche Führungskräfte diese Werte nehmen und auf welcher Autorität sie beruhen. Alister McGrath schreibt dazu: „Grob gesprochen, hat die christliche Tradition vier Hauptquellen erkannt: 1. Die Schrift, 2. die Vernunft, 3. die Tradition, 4. die Erfahrung."[78]

Daneben könnte man noch die Situation (also die konkreten Umstände) sowie die jeweilige uns umgebende Kultur nennen, wobei diese Faktoren natürlich alle unter die vier von Alister McGrath genannten klassischen Quellen der Ethik subsumiert werden können. Für die evangelische Ethik ist Gottes Wort in Gestalt der Heiligen Schrift der alleinige Maßstab, die Richtschnur, an der alle anderen Autoritäten zu messen sind (*norma normans,* also die Norm, die andere Normen normiert). Weil sich Gott als der Schöpfer der Welt durch die Heilsgeschichte hindurch offenbart hat und das Wichtigste für seine Geschöpfe in der Heiligen Schrift niedergelegt ist, beginnt für Christen jedes ethische Denken auf dem Fundament der Bibel.

Damit stellt sich aber sofort die Frage, welchen Stellenwert dann andere Größen wie die Tradition, der Verstand, die Weisheit, die Erfahrung oder die konkrete Situation und Kultur haben: Sind sie zu verwerfen, weil die Heilige Schrift höchste Autorität ist, oder dürfen sie in ethische Entscheidungen mit einbezogen werden? Die Nennung von Tradition, Erfahrung, Verstand und Situation (bzw. Kultur) soll dabei keine abschließende Einteilung der Erkenntnisquellen und -wege der Ethik sein, sondern die klassischen Bezeichnungen aus unserer Kulturgeschichte erwähnen, mit denen wir beschreiben, auf welchem Wege gute und richtige Einsichten zu uns gelangen.

Eine angeblich besonders fromme Sicht will all diese Größen aus der Ethik ausschalten. Angeblich orientiert man sich dann ausschließlich an der Bibel und verwirft alle anderen Maßstäbe und Ratschläge. Natürlich könnte man zunächst einfach darauf verweisen, dass eine solche Haltung in der Realität gar nicht möglich ist. Es gibt niemanden, der ausschließlich „aus der Bibel lebt", und niemanden, der sich nicht auch dann *für* Gutes und *gegen* Böses entscheiden kann, wenn ein Sach-

---

[78] Alister E. McGrath, Der Weg der christlichen Theologie, München 1997, S. 189; vgl. ausführlicher ebd., S. 189–243 (Kap. 6: „Die Quellen der Theologie"). Vernunft und Erfahrung neben der Schrift diskutiert Martin Honecker, Einführung in die Theologische Ethik, Berlin 1990, S. 187–202.

verhalt *direkt* von der Bibel *nicht* beleuchtet wird. So wird man zwar Argumente gegen das Tabakrauchen zusammentragen können, auch wenn die Bibel auf dieses Thema nirgends direkt eingeht. Rauchen kann deshalb nicht eindeutig als Sünde bezeichnet werden, rauchen ist eben „nur" ungesund, unsozial und unweise.

An dieser Stelle möchte ich darauf hinweisen, dass der Bibel selbst ein solch ausschließliches Konzept völlig fremd ist. Die Bibel fordert uns immer wieder dazu auf, neben und unter der göttlichen Offenbarung die Weisheit und Erfahrung sowie die Hinweise verschiedener Autoritätsträger und auch die Lehren aus der Geschichte ernst zu nehmen. In der Heiligen Schrift wird zudem immer wieder mit der Erfahrung vergangener Generationen und auch logischen Schlüssen argumentiert. Wenn die Bibel höchste Autorität ist, muss ihr auch darin Recht geben, wenn sie uns auffordert, Rat, Weisheit, Erfahrung und Verstand zu benutzen und die Vorgaben elterlicher, kirchlicher, wirtschaftlicher und staatlicher Autoritäten ernst zu nehmen.

In diesem Zusammenhang sind auch die Entscheidungen von rechtmäßigen Autoritäten wie Eltern, Arbeitgeber, Kirche und Staat zu nennen. Der Sinn dieser Autoritäten ist ja gerade, dass sie nicht oder nicht nur die Einhaltung göttlicher Gebote oder grundlegender Werte garantieren, sondern selbstverständlich auch Ordnungen für unsere Zeit setzen, die nicht unmittelbar aus Gottes Wort abgeleitet sind. Wer berechtigt ist, solche Gesetze zu erlassen, wem diese Gesetze gelten und welchen Bereich derartige Gesetze abstecken dürfen, regeln dabei sicher die Schöpfungsordnungen, auf denen die grundlegende Werteordnung beruht. So muss die Autorität, Gesetze für bestimmte Personen und bestimmte Zeiten erlassen zu dürfen, 1. sich aus den grundsätzlichen Schöpfungsordnungen ergeben, 2. nur für den verliehenen Verantwortungsbereich zulässig sein und 3. nie dazu führen, für alle Menschen und für alle Zeiten verbindliche Ordnungen aufzustellen. Aber das ändert nichts daran, dass die heutige Straßenverkehrsordnung als Lebensschutz und als Ordnung des Zusammenlebens Bestandteil christlicher Ethik ist, auch wenn die Bibel z.B. das Autofahren weder kennt noch Ähnliches im Detail regelt.

Gottes Offenbarung will zwar der Ausgangspunkt unseres Denkens sein, nicht aber unser Denken und Planen ersetzen. „Die Furcht des Herrn ist der Weisheit *Anfang*" (Spr 9,10; ähnlich Spr 1,7), nicht der Weisheit *Ende*.

Beispiel aus dem familiären Bereich

Kann man nur anhand der Bibel Kinder erziehen? Natürlich nicht, denn die Bibel sagt nichts darüber, wie man mit gesundheitlichen Problemen der Kinder umgehen soll, wie lange sie zu schlafen haben und welche Umgangsformen für Kinder angemessen sind. Die Bibel spricht auch nicht über Einschulungsalter oder Taschengeld, um nur einiges zu nennen. Sie gibt uns allerdings den göttlichen Sinn und die grundsätzliche Ausrichtung der Kindererziehung an. Darin unterscheidet sich jede an der Bibel ausgerichtete Kindererziehung von allen anderen Arten der Kindererziehung, die schnell auf „Rezepte" zurückgreifen. Eltern sollen „in der Unterweisung *(paideia)* und Ermunterung *(nouthesia)* des Herrn" (Eph 6,4) ihre Kinder erziehen; sie sollen ihnen Gott und sein Wort lieb machen (2Tim 3,14-17) und sie darauf vorbereiten, unter Gottes Autorität selbständig ein Leben innerhalb der Schöpfungsordnungen zu führen. Jenseits dieser grundsätzlichen Ausrichtung finden sich nur gelegentlich einzelne Gebote oder Hinweise zur Kindererziehung, etwa was Bestrafung angeht oder die Vermittlung der biblischen Geschichte betrifft.[79] Wenn der biblische Auftrag zur Kindererziehung grundsätzlich akzeptiert wird, werden Eltern selbstverständlich vieles einfach aus der – von Gott geschaffenen – „Natur" der Dinge ableiten. Das Wachstum, die körperliche und geistige Entwicklung des Kindes gibt ihnen viele Entscheidungen vor und lässt sich zudem – wenn auch nie völlig – mit denen anderer Kinder vergleichen. Und diese Entwicklung der Kinder kann auch durchaus von Nichtchristen treffend und hilfreich beschrieben werden. Im Übrigen sind christliche Eltern gefordert, diese grundsätzliche Ausrichtung der Erziehung anhand der Bibel selbständig in den konkreten Alltag umzusetzen. Dazu greifen sie auf die Erfahrungen vergangener Generationen (Tradition) ebenso zurück wie auf Ratschläge und Untersuchungen der Gegenwart. Sie bemühen sich nach Kräften (emotional, intellektuell und finanziell), den bestmöglichen Weg für ihre Kinder zu finden. Ohne die konkrete Lebenssituation der Kinder zu kennen, wäre das unmöglich. Man muss schließlich auch die Kultur des Volkes, in dem man lebt, kennen oder beispielsweise die konkrete Familienkonstellation oder das jeweilige Wohnumfeld.

Ein weiteres Beispiel

Es ist Gottes Wunsch und Gebot, dass jeder Mensch die ihm von Gott gegebenen Fähigkeiten und Gaben einsetzt. Aber wie anders sollen Eltern dies in die Tat umsetzen, als indem sie ihren Verstand gebrauchen und durch Beobachtung und Lernen von anderen herausfinden, welche Begabungen, Fähigkeiten und Vorlieben ihre Kinder haben

---

[79]   Z.B. in Bezug auf das Gesetz: 5Mo 4,9-10; 6,4-9.20-25; 11,18-21; 31,12-13; 32,7; Jos 4,6-7; Ps 78,5-8; Spr 28,7; in Bezug auf das Passah: 2Mo 12,26-27; 13,14-16 [vgl. 6-10].

und sie darin fördern? Gott hat dem Menschen zwar ein grundsätzliches Ziel für die Kindererziehung vorgegeben, aber ansonsten ihn mit Verstand und Weisheit ausgestattet, um den besten Weg für die eigenen Kinder zu finden.

Beim so genannten Apostelkonzil (Apg 15,1-21) spielten mehrere Faktoren als Quellen der Ethik für die letztend-liche Entscheidung eine Rolle: *Beispiel aus dem kirchlichen Bereich* 1. Ausschlaggebend blieb die Heilige Schrift (Apg 15,15-19), und doch spielten nachgeordnet folgende Faktoren eine Rolle: 2. Die Berufung auf die konkrete Erfahrung des Petrus, des Paulus und des Barnabas (Apg 15,7-9.12.14); 3. die vernünftige Argumentation; 4. die kirchliche Autorität. Ent-scheiden hier doch alle Ebenen der Kirche gemeinsam: Jakobus als Vorsit-zender der Jerusalemer Gemeinde, die Apostel, die Missionare, die Ältesten und die Gemeinden bzw. deren Vertreter.

Schlüsse aus der Bibel

Wir sind bereits im 1. Kapitel ausführlich auf die Bedeutung des Denkens in der Bibel eingegangen. Gott möchte, dass wir beim Studium der Bibel denken, ebenso beim Anwenden seines Wortes; und selbst wenn die Bibel keine konkreten Vorgaben macht, sollen wir durch Nachdenken zu guten Lösungen kommen. So ist es keineswegs verwunderlich, dass in der Bibel selbst die Bibel mit dem gesunden Menschenverstand ausgelegt wird. Gegen eine überzogene pharisä-ische Sicht des Sabbats argumentiert Jesus mit vernünftigen Argumen-ten aus der Alltagserfahrung und aus der Heiligen Schrift, wobei er Texte und Beispiele heranzieht, die mit der Thematik direkt gar nichts zu tun haben.

In Matthäus 12,11-12 fragt Jesus: „Welcher Mensch ist wohl unter euch, der ein Schaf hat und es nicht ergreift und herauszieht, wenn es am Sabbat in eine Grube fällt? *Ein Beispiel vernünftiger Argumentation* Wie viel vorzüglicher ist nun ein Mensch als ein Schaf! Also ist es erlaubt, am Sabbat Gutes zu tun" (ähnliche Ar-gumentation für einen Ochsen in Lk 14,5). In Lukas 13,15 verweist Jesus auf das übliche und erlaubte Tränken von Ochsen und Eseln am Sabbat, wo er dem Vorwurf begegnen muss, am Sabbat keinen ver-krüppelten Menschen heilen zu dürfen.

Ein Beispiel vernünftiger Schlüsse	In Matthäus 12,5 fragt Jesus: „Oder habt ihr nicht in dem Gesetz gelesen, dass am Sabbat die Priester in dem Tempel den Sabbat entheiligen und [doch] schuldlos sind?" In Markus 2,23-28 (= Mt 12,1-7; Lk 6,1-5) begründet Jesus das Ährenausraufen (Mk 2,23) seiner Jünger mit dem Hinweis auf David, der als Verhungernder die Schaubrote

im Tempel essen durfte (Mk 2,25-26; 1 Sam 21,4-7). Er überträgt also eine im Detail völlig andere Situation, die mit dem Sabbat nichts zu tun hat, auf den Sabbat. In Johannes 7,23 sagt Jesus: „Wenn ein Mensch die Beschneidung am Sabbat empfängt, damit das Gesetz Moses nicht gebrochen wird, warum zürnt ihr mir dann, weil ich den ganzen Menschen am Sabbat gesund gemacht habe?" Das ganz natürliche Gebot, für sein Überleben zu sorgen, war ebenso wie das Gebot der Heiligen Schrift zur Beschneidung an einem ganz bestimmten Tag wichtiger als die Einhaltung des Sabbatgebotes.

Beispiele für ethische Ordnungen, die in der Bibel nicht mit dem Verweis auf Gottes Wort, sondern auf vernünftige Überlegungen oder Schlüsse begründet werden:

1 Kor 5,9-10: „Ich habe euch in dem Brief geschrieben, nicht mit Unzüchtigen Umgang zu haben; aber durchaus nicht mit den Unzüchtigen dieser Welt oder den Habsüchtigen und Räubern oder Götzendienern, sonst müßtet ihr aus der Welt hinausgehen".

Röm 3,5-6: „Ist Gott etwa ungerecht, wenn er Zorn verhängt? – Ich rede nach Menschenweise. – Das sei ferne! Wie könnte Gott sonst die Welt richten?"

Spr 22,25: (Gegen Gemeinschaft mit Zornigen:) „... denn du könntest auf seinen Weg geraten und dich selbst zu Fall bringen".

Spr 22,27: (Gegen Bürgschaften:) „... denn wenn du nicht bezahlen kannst, wird man dir dein Bett unter dir wegziehen".

Spr 23,21: (Gegen Völlerei:) „... denn die Säufer und Schlemmer werden arm, und ein Schläfer [= der, der seinen Rausch ausschläft] muss zerschlissene Kleider tragen".

Spr 25,8: „Laufe nicht zu schnell zum Gericht, denn was willst du am Ende machen, wenn dich dein Nächster beschämt?"

Spr 27,24: „... denn Vorräte währen nicht ewig ..."

Diese Beispiele verdeutlichen, dass Normen, Gebote und Ordnungen nicht zum Nachplappern da sind, sondern zum Nachdenken und Anwenden. Biblische Normen stehen keineswegs im Widerspruch zu anderen Quellen der Ethik, sondern werden von ihnen ergänzt; Gott hat dies so gewollt; Gott hat uns Menschen so geschaffen.

2.2 Normativ führen heißt anwenden und übersetzen

Die vielfältige Art der Gebote

Die Bibel tritt uns nicht gegenüber als Sammlung einiger grundlegender Ordnungen und Werte, die man schnell erlernt und in der jeweiligen Situation sofort abrufen kann. Gottes Gebote und Ordnungen können vielmehr in einer ungeheuren literarischen Vielfalt und Ausdrucksweise verkündigt werden[80]. Wir finden z.B. ganz allgemeine, grenzenlos gültige, positiv formulierte Gebote (z. B. „Du sollst lieben ...") oder ganz allgemeine, grenzenlos gültige, negativ formulierte Gebote (z. B. „Du sollst nicht begehren ..."). Verbote schützen einen Wert, Gebote verneinen einen Unwert. Gott und seinen Wertordnungen zu dienen bedeutet zwangsläufig, nicht den Götzen und ihren Unwerten zu dienen.

Es gibt Fallbeispiele, die auch für ähnliche Fälle gelten, Gebote, die die Rangfolge von Verpflichtungen erklären (z. B. Hos 6,6; Mt 9,13; 12,7) oder auffordern, erst dieses, dann jenes zu tun (vgl. 1Sam 15,22; Ps 51,17.19.21; Jer 7,22-23). Manche Gebote geben nur Anweisungen für den Fall, dass andere Gebote bereits übertreten wurden (z. B. Texte zur Ehescheidung). Andere Gebote definieren eindeutige Ausnahmen (z. B. Tötung bei Verteidigung), wiederum andere erwähnen keine Ausnahmen, obwohl diese Ausnahmen aus anderen Texten bekannt sind oder als selbstverständlich vorausgesetzt werden.

Es gibt Dinge, die die Heilige Schrift ausdrücklich gutheißt, nirgends aber zum Gebot erhebt. Das Fasten ist dafür ein gutes Beispiel. Während ein großer Segen auf dem Fasten ruht und wir viele biblische Vorbilder für das Fasten finden, wird es doch weder grundsätzlich noch für bestimmte Personen oder Situationen zur Pflicht erhoben.[81]

Neben die unmittelbar gültigen und direkt umsetzbaren Gebote tritt die Weisheit, die die richtige Entscheidung von der jeweiligen Situation abhängig macht und die nur richtig handeln kann, wenn sie

---

[80] Vgl. die Übersicht bei Walter C. Kaiser, Towards Old Testament Ethics, Grand Rapids (MI) 1983, S. 64-66.

[81] Vgl. R. T. Foster, „Fasting", S. 376-378, in: David J. Atkinson/David H. Field (Hg.), New Dictionary of Christian Ethics and Pastoral Theology, Downers Grove (IL) 1995.

die beteiligten Menschen kennt. Die Weisheit kann in Sprichworten, Gleichnissen, Vorbilderzählungen und Anschauungsunterricht weitergegeben werden. Sie enthält auch Lebenserfahrungen, die nur im Regelfall zutreffend sind (z. B. Spr 15,1; 22,6), nicht aber zwingend. Auf die Weisheit werden wir später noch ausführlicher eingehen.

Die fünf Ebenen des Gesetzes

Die Bibel vermittelt Ethik nicht einlinig in Form von feststehenden Geboten allein, sondern in der gesamten Bandbreite zwischen allgemeinen Grundaussagen einerseits und konkreten Fallbeispielen andererseits. So kann man etwa im alttestamentlichen Gesetz fünf Ebenen unterscheiden: 1) Kernanliegen; 2) Grundgebot; 3) Ausführungsbestimmung; 4) Fallgesetz am Beispiel von Menschen; 5) Fallgesetz am Beispiel von Tieren.

Selbstverständlich könnten auch andere Ebenen voneinander abgegrenzt werden und natürlich finden sich nicht immer alle Ebenen zu einem Thema. Es geht hier nicht um die Zahl, sondern um das Wesen des Gesetzes, die Gebote in der Spannweite zwischen ganz allgemeinen Aussagen und ganz konkreten Beispielen zu formulieren.

Es können zwei oder mehrere Ebenen – oft in einem Vers – gemeinsam angesprochen werden, wie wir es bereits im Neuen Testament in 1. Timotheus 5,17-18 vorgefunden haben. Meist wird dabei jeweils dasselbe Prinzip allgemein und am Fallbeispiel formuliert, so z.B. in Sprüche 15,16-17: „Besser wenig in der Furcht des Herrn als ein großer Schatz und Unruhe dabei. Besser ein Gericht Gemüse mit Liebe als ein gemästeter Ochse mit Haß dabei" (vgl. auch Spr 16,8; 17,1).

Die fünf Ebenen des Gesetzes

1. Beispiel: Lohn
1. Ebene: Gottes Rechtsforderung;
2. Ebene: Jeder empfängt den Lohn für seine Taten;
3. Ebene: Jeder soll den Lohn für seine Arbeit bekommen;
4. Ebene: Anwendung auf die Ältesten;
5. Ebene: Fallgesetz am Beispiel des Ochsen.

Begründung für das 1. Beispiel im Einzelnen:
1. Ebene: Römer 1,32 „Gottes Rechtsforderung".
2. Ebene: 1. Korinther 3,8: „Jeder wird seinen Lohn empfangen."
4. Ebene, 5. Ebene und 3. Ebene (in dieser Reihenfolge): 1. Timotheus 5,17-18: (4.) „Die Ältesten, die gut vorstehen, sollen doppelter Ehre würdig geachtet werden, besonders diejenigen, die in Wort und Lehre arbeiten. Denn die Schrift sagt: (5.) ‚Dem Ochsen, der da drischt, sollst du das Maul nicht verbinden', und: (3.) ‚Der Arbeiter ist seines Lohnes wert'" (aus 5Mo 25,4 ebenso zitiert in 1Kor 9,9 und aus Lk 10,7)[82]. Was für die Ochsen gilt, ist selbstverständlich für alle Tiere gültig. Und was für die Tiere gilt, hat erst recht für die Menschen seine Gültigkeit.

2. Beispiel: Mord
1. Ebene: Nächstenliebe;
2. Ebene: Nicht töten;
3. Ebene: Totschlag bei Einbruch;
4. Ebene: Fallgesetz am Beispiel des Zaunes auf dem Dach;
5. Ebene: Fallgesetz am Beispiel der Zisternen.

Begründung für das 2. Beispiel im Einzelnen:
1. Ebene: 3. Mose 19,18: „Du sollst deinen Nächsten lieben wie dich selbst."
2. Ebene: 2. Mose 20,13: „Du sollst nicht totschlagen [oder: morden]."
3. Ebene: 2. Mose 22,1-2: „Falls ein Dieb beim Einbruch ertappt und so geschlagen wird, dass er stirbt, so ist es ihm [dem Schläger] keine Blutschuld. Falls aber die Sonne über ihm aufgegangen ist, so ist es ihm Blutschuld."
4. Ebene: 5. Mose 22,8: „Wenn du ein neues Haus baust, sollst du ein Geländer rund um dein Dach herum machen, damit du nicht Blutschuld auf dein Haus lädst, wenn irgendjemand von ihm herabfällt." Dieses Gebot gilt natürlich auch für parallele Fälle: Totschlag liegt auch vor, wenn man nicht für andere mitdenkt und diese ins Unglück laufen lässt.
5. Ebene: 2. Mose 21,33-34: „Wenn jemand eine Zisterne [oder: einen Brunnen] öffnet [oder: offen lässt] oder wenn jemand eine Zisterne gräbt und diese nicht zudeckt, und es fällt ein Rind oder ein Esel hinein, dann soll es der Besitzer der Zisterne erstatten." Dies ist wieder ein Fallgesetz am Beispiel von Tieren, das erst recht für Menschen gilt. Auch Jesus argumentierte zum Sabbat mit Gesetzen für Tiere, um Handlungen der Menschen zu rechtfertigen (z.B. Lk 13,15-17; 14,4-6; Mt 12,10-12).

---

[82] Hier wird also aus dem Alten und dem Neuen Testament gleichzeitig zitiert. Dies spricht für eine frühe Entstehungszeit des Lukasevangeliums (vgl. Heinz Warnecke/Thomas Schirrmacher, War Paulus wirklich auf Malta? Neuhausen 1992, S. 227).

Fallgesetze und Prinzipienethik

Luther schreibt zu jenem Gebot, das Flachdach mit einem Zaun zu versehen, um nicht zum Totschläger zu werden, Folgendes: „Es kann auch dies ein sprüchwörtliches und allgemeines Gesetz sein, daß man in der öffentlichen Gesellschaft so baue und sich im Verkehr so verhalte, daß man dem andern keine Gefahr, Nachtheil oder Schaden verursache ...“[83]

Da das Fallgesetz auch für ähnliche Fälle gilt und überhaupt allgemein das Verursacherprinzip – selbst bei Totschlag – erläutert, gilt dieses Gebot auch in Kulturen, die andere Dach-Formen haben, und auch für andere Lebenssituationen, in denen der vorbeugende Schutz für Menschen möglich ist. Dass um ein Flachdach ein Zaun und um eine Grube ein Schutz sein muss, bedeutet, dass jeder Mensch für Verletzungen und Tod verantwortlich ist, wenn er Unwissende nicht schützt und warnt. In allen christlich geprägten Gesetzgebungen gibt es entsprechende Bestimmungen, wie dies etwa an den Absperrungen von Straßenbaustellen und Gruben deutlich wird.

Ein Fallgesetz (Kasuistik, von lat. *casus*, der Fall) ist ein Gesetz, das ein generelles Prinzip an einem konkreten Beispiel erläutert.[84] Martin Honecker schreibt zu Recht: „Kasuistik ist die ‚Erörterung von Einzelfällen‘ in der Morallehre und Rechtswissenschaft. Das Wort wird weithin als negative Bezeichnung verwendet, wenn es synonym zu ‚Haarspalterei‘ und ‚Spitzfindigkeit‘ verstanden wird. Kasuistik meint zunächst aber – sachlich durchaus begründet – die Anwendung von Regeln auf einen Einzelfall ...“[85]

---

[83] Martin Luther, „Anmerkungen zum fünften Buch Mosis“, Sp. 1370-1639, in: Martin Luther, Sämtliche Schriften, hg. von Johann Georg Walch, Bd. 3, Groß Oesingen 1986 (ND von 1910²), hier Sp. 1565. Im Alten und Neuen Testament hatten die Häuser flache Dächer, die mitbenutzt wurden. Auf dem Dach wuchs Gras (Jes 37,27; Ps 129,6). Frauen breiteten auf dem Dach Flachs zum Trocknen aus (Jos 2,6), und im Sommer stellte man Zelte auf dem Dach auf und schlief dort (2Sam 16,22; vgl. Neh 8,16; 1Sam 9,25). Auf dem Dach war man sicher (Mt 24,17). Wichtige Nachrichten wurden von den Dächern ausgerufen (Jes 15,3; Jer 48,38; Mt 10,27), was dazu führen konnte, dass sich anschließend die Menschen auf den Dächern versammelten (Jes 22,1). Das Dach konnte man aufdecken und von dort ins Haus gelangen (siehe Mk 2,4; Lk 5,19).

[84] Vgl. P. D. Toon, „Casuistry“, S. 52-53, in: R. K. Harrison (Hg.), Encyclopedia of Biblical and Christian Ethics, Nashville (TN) 1987.

[85] Martin Honecker, Einführung in die Theologische Ethik, Berlin 1990, S. 170; vgl. zur Kasuistik S. 170-175.

Selbst die deutsche Rechtsprechung, die vielleicht stärker
als in irgendeinem anderen Land versucht, ungezählte
grundlegende Gesetze zu formulieren und ohne Einzel-
fallbeispiele auszukommen, funktioniert nicht, wenn
nicht aus den Fallgesetzen konkreter Gerichtsurteile
Prinzipien für spätere Entscheidungen abgeleitet werden.

Beispiel aus dem staatlichen Bereich

In Ländern wie Großbritannien[86], in denen das ge-
schriebene Gesetz keine so beherrschende Rolle spielt wie in Deutschland,
wird dagegen in viel stärkerem Maße aus neueren, aber auch aus jahrhun-
dertealten Fallgesetzen und Musterurteilen Recht gesprochen. Es ist durchaus zu bezweifeln, ob man einen Gesetzeskorpus schaffen kann, der ohne Fallgesetze auskommt. „Keine Rechtsordnung kann denn auch auf Kasuistik
vollständig verzichten."[87]

Biblische Fallgesetze sind selbstverständlich nicht Fallgesetze im Sinne
solcher Musterurteile. Sie sind wie die Grundgebote ein für alle Mal
ergangen; der Kanon dieser Fallgesetze erweitert sich nicht. Biblische
Fallgesetze sind Gebote, die grundlegende Prinzipien am konkreten
Fall erläutern und auf ähnlich gelagerte Fälle übertragen werden
können und müssen.

Das Gebot, dass man eine „Mühle" und eine „Hand-
mühle" nicht pfänden darf (5Mo 24,6), bedeutet natürlich nicht, dass nur Mühlen nicht gepfändet werden
dürfen, sondern bezieht sich auf alles, was dem Überleben

Beispiele für Fallgesetze

dient. Auch in der deutschen Rechtsprechung gilt, dass
nicht gepfändet werden darf, was zum täglichen Überleben und Leben dient,
auch wenn es übertrieben erscheint, was inzwischen alles dazugehört (z. B.
das Fernsehgerät).
Die Gebote bezüglich blinder und gehörloser Menschen: „Verflucht, wer einen Blinden auf dem Weg irreführt" (5Mo 27,18) und: „Du sollst dem Tau-
ben nicht fluchen und kein Hindernis vor den Blinden legen!" (3Mo 19,14)
beziehen sich ebenfalls nicht nur auf die genannten Beispiele, sondern besa-
gen allgemein, dass Menschen aus der Behinderung anderer keinen Nutzen
ziehen, sondern auf diese Rücksicht nehmen sollen. Hiob war deswegen das
„Auge des Blinden", der „Fuß des Lahmen" und der „Vater für die Armen"
(29,15-16). Diese Bestimmungen haben unsere Kultur zutiefst geprägt.
Mundraub ist im Alten Testament kein Diebstahl: „Wenn du in den Weinberg

---

[86] Ebd., S. 171 schreibt: „Fall-orientiert, kasuistisch ist bis heute das englische case law geblieben."
[87] Ebd., S. 170; vgl. auch Axel Denecke, Wahrhaftigkeit. Eine evangelische Kasuistik, Göttingen 1971,
auch wenn Denecke im Detail völlig andere Wege geht als ich.

deines Nächsten kommst, darfst du Trauben nach deinem Wunsch essen, bis du satt bist, in dein Gefäß aber darfst du nichts tun. Wenn du in das Getreidefeld deines Nächsten kommst, darfst du Ähren mit deiner Hand abpflücken, aber die Sichel darfst du nicht über das Getreide deines Nächsten führen" (5Mo 23,25-26). Dies ist ein typisches Fallgesetz, das selbstverständlich nicht nur bei Trauben oder Getreide galt, sondern grundsätzlich festlegt, dass der den Hunger deckende Bedarf von Strafe ausgenommen ist.

Die Fallgesetze deuten darauf hin, dass die biblische Ethik eine Prinzipienethik ist. Entscheidend ist bei jedem Gebot, das ihm zugrunde liegende göttliche Prinzip zu erkennen, aus dem sich erst seine äußere, sichtbare Anwendung ergibt. Allen Geboten liegt als oberstes Prinzip die Liebe zu Gott und dem Nächsten zugrunde. Nur von dorther sind sie zu verstehen. Daraus leiten sich weitere Prinzipien ab, die auch den konkretesten Fallgesetzen zugrunde liegen.

Die Prinzipienethik ist wiederum von großer Bedeutung für die Anwendung alttestamentlicher Gebote in neutestamentlicher Zeit, wird doch oft im Neuen Testament vor allem das alttestamentliche Prinzip eines Gebotes betont. Die Prinzipienethik ist auch von großer Bedeutung für die Anwendung biblischer Gebote in der Gegenwart und in immer neuen Kulturen der Welt. Entscheidend ist immer, das zugrunde liegende Prinzip zu verwirklichen. Wenn das alttestamentliche Gesetz beispielsweise „Gerechtigkeit im Tor" fordert, weil die israelitische Gerichtsbarkeit „im Tor" stattfand, ist das Prinzip der Gerechtigkeit der staatlichen Gerichtsbarkeit entscheidend – vielleicht auch der Öffentlichkeitscharakter der Gerichtsbarkeit – nicht jedoch das Stadttor als solches, das viele Kulturen gar nicht kennen.

Wenn man von Kasuistik spricht, muss man die alttestamentliche deutlich von der späteren jüdischen Kasuistik unterscheiden. Die alttestamentliche Kasuistik illustriert grundsätzliche Gebote an konkreten Fällen und Beispielen, wobei das darin ausgedrückte Prinzip dann auch auf ähnliche Fälle angewandt werden soll. Deswegen machen die besprochenen Fälle nur einen Bruchteil der denkbaren Fälle aus. *Kasuistik allein ist zu konkret, um aus ihr wirklich grundlegende Prinzipien für das Leben ableiten zu können, aber ein Verzicht auf Kasuistik lässt Ethik und Recht zu abstrakt und realitätsfern werden.*

Außerdem muss die innerbiblische Kasuistik, die die Autorität des Wortes Gottes in Anspruch nehmen kann, von einer Kasuistik der Ausleger unterschieden werden, die versuchen, biblische Ordnungen auf heutige Fälle anzuwenden. Letzteres ist zulässig, aber die daraus gezogenen Schlüsse dürfen nicht in den Rang eines Gebotes Gottes erhoben werden, wie dies etwa im Judentum im Talmud oder im Katholizismus im Kirchenrecht der Fall ist.

Der Grundsatz für das Schlafen lautet, dass jeder genügend Schlaf braucht. Dieses grundsätzliche Prinzip bedeutet für ein Baby etwas anderes als für die pensionierten Großeltern. Zunächst legen Eltern ihre Kleinkinder einfach ins Bett; später legen sie eine Zeit zum Insbettgehen fest. Der allgemeine Grundsatz wäre für einen Neunjährigen noch nicht zu handhaben. Der

Beispiel aus dem familiären Bereich

Teenager bekommt bereits allgemeinere Vorgaben und muss selbst Zu-Bett-Gehen. Er sollte bereits die Gründe verstehen. Wenn er schließlich das Haus verlässt, trägt er ganz allein die Verantwortung für sich und seine Gesundheit. Dennoch kann es sinnvoll sein, einmal ein Buch über das Schlafen zu lesen und etwa seinen Schlaftyp herauszufinden. Wenn er heiratet, muss er sein Schlafverhalten mit einem anderen koordinieren; wenn Kinder kommen, stehen wieder neue Umstellungen an. Das Prinzip bleibt immer dasselbe, die Anwendung kann hingegen sehr unterschiedlich sein. Konkrete Festlegungen helfen dem Kind, Fallbeispiele dem Erwachsenen.

Es ist gut, wenn eine Firma in ihren ethischen Grundsätzen allgemeine Werte und Ziele festgelegt hat, z.B. „Ehrlichkeit gegenüber dem Kunden". Doch dieser gute und hehre Grundsatz wird erst anschaulich, wenn er am konkreten Beispiel erläutert wird. Dazu muss die Firma entweder konkretere Ausführungsbestimmungen erlassen (z.B. bekommt der Kunde bei Reklamationen Einblick in

Beispiel aus dem wirtschaftlichen Bereich

den Briefwechsel) oder aber trainieren, was das im konkreten Fall bedeutet. Also etwa ein Seminar abhalten, in dem verschiedene Situationen durchgespielt werden. Konkrete Beispiele werden von Vorgesetzten „vorexerziert". Weder der hehre Grundsatz noch eine bestimmte Ausführungsbestimmung für eine konkrete Situation allein bringen das Anliegen der Firma zum Ausdruck. Nur die ganze Bandbreite – von der allgemeinen Zielvorgabe bis hin zur Umsetzung im konkreten Fall – lässt erkennen, ob eine Firma nichts zu verbergen hat und ihren guten Ruf zu mehren versteht.

Werte sind „nur" ein Rahmen

„Alles menschliche Denken und Tun hängt mit einer Weltanschauung zusammen. Jedermann ordnet sich und sein Handeln in den Rahmen einer umfassenden Deutung von Mensch und Welt ein, innerhalb derer sein Verhalten erst Sinn gewinnt."[88]

Der Ausdruck „Rahmen" wird hier treffend benutzt, denn so wichtig auch absolute Werte sind, so wenig kann man mit ihnen allein leben und entscheiden.

Gottes Wort setzt uns einen Rahmen für unser Leben, Denken und Planen, aber es füllt diesen Rahmen nicht aus. Gott lebt nicht unser Leben, sondern schafft die Voraussetzungen dafür. Grundlegende Prinzipien werden uns in der Heiligen Schrift oft an Fallbeispielen illustriert. Aber ansonsten fordert uns die Bibel auf, abzuwägen, nachzudenken, Rat zu suchen und dann die Verantwortung für unsere Entscheidung zu übernehmen.

Das ist auch der Grund, warum große Teile des alttestamentlichen Gesetzes negativ formuliert sind („Du sollst nicht …"). Gerade das, was viele stört, hat viel mit Freiheit zu tun. Denn das „nicht" setzt die Grenzen fest, ohne die Details vorzuschreiben. Gustav Friedrich Oehler bemerkt zum alttestamentlichen Gesetz: „Die Bestimmungen des Gesetzes sind detailliert vorzugsweise nur in negativer Hinsicht, bis ins Einzelne gehen die Forderungen dessen, was der Israelite nicht thun dürfe. … Es ist aber leicht zu erkennen, dass in bezug auf die positiven Pflichten das Gesetz vielfach nur allgemein gehaltene Sätze aufstellt, ja manches Positive, das in seiner Intention liegt, gar nicht ausdrücklich gebietet, vielmehr nur die Thatsachen, Vorbilder und Institutionen hinstellt, an denen dasselbe frei sich entwickelt."[89]

Hiob bekennt (23,12): „Vom Gebot seiner Lippen ließ ich nicht ab; mehr als es meine Pflicht gewesen wäre, wahrte ich die Worte seines Mundes." Hiobs Liebe zu den Armen, die in diesem Zusammenhang beschrieben wird, ging weit über das Geforderte hinaus. Dennoch darf man aus dieser Tatsache nie den umgekehrten Schluss ziehen, dass die Liebe ohne Ordnungen und Grenzen auskommen könne.

Da die Sicht der Werte und auch der Bibel als Rahmen für die Frage zentral ist, wie christliche Führungskräfte entscheiden, wollen wir uns einige weitere Beispiele anschauen.

---

[88] Hansjörg Hemminger, Psychotherapie, Weg zum Glück? Zur Orientierung auf dem Psychomarkt, München 1987, S. 5.

[89] Gustav Friedrich Oehler, Theologie des Alten Testaments, Stuttgart 1891³, S. 289.

Die Bibel spricht deutlich über den Sinn der Ehe und warnt uns vor dem Überschreiten der Grenzen, die eine Ehe endgültig zerstören würden. Sie ist aber kein Handbuch für den Ehealltag. Wie man über Jahre oder gar Jahrzehnte die wichtigste menschliche Beziehung konkret gestaltet, wird von der Bibel „totgeschwiegen". Sie spricht von Liebe, vom Füreinander-Dasein, vom Glück der Sexualität; es werden auch Grenzen gesteckt, aber das „Einwechseln in kleine Münze" müssen die Ehepartner im Ehealltag jeweils selbst vornehmen. Was sich Gott als Schöpfer der Ehe für die Ehe gedacht hat, ist als Rahmen und Autorisierung der Ehe unendlich wichtig, aber es ersetzt nicht die Gestaltung einer Ehe hier und heute! Meine Frau würde es nicht gerade als Zeichen einer guten Ehe ansehen, wenn ich jeden Morgen zwar die biblischen Gebote zur Ehe lesen würde, sie mich aber jeweils erinnern müsste, dass mein liebloses Verhalten damit nicht übereinstimmt. Das Lesen und Zitieren von Bibelstellen schafft noch keine Liebe. Ich muss mir schon selbst den Kopf zerbrechen, was für meine Frau das Beste ist und wie ich meine Liebe ihr gegenüber immer wieder neu zum Ausdruck bringe. Die biblischen Ordnungen für die Ehe sind gut und notwendig, aber sie können das Eigentliche – Liebe und Gemeinschaft – nur schützen, nicht schaffen. Liebe handelt nicht gegen das Gebot, aber sie ist nicht identisch mit dem Nichtbrechen des Gebotes, sondern etwas viel Größeres. Menschen, die nur über Ordnungen sprechen, mögen zwar wie gute Architekten sein, die alles über den Hausbau wissen und jeden Prozess gegen Behörden oder Baufirmen gewinnen, sich aber für das Eigentliche – die Menschen, die das Haus bewohnen – nicht interessieren. Ohne Menschen aber ist jedes noch so gute Haus ziemlich belanglos.

> **Beispiel aus dem familiären Bereich**

Entscheidend für die Bedeutung der biblischen Gebote ist, dass sie eine Art Verfassung darstellen: So wie in einem modernen Rechtsstaat in Anlehnung an den alttestamentlichen Gesetzesstaat nicht ein Mensch, sondern das Gesetz die höchste Instanz ist (den Bundeskanzler kann man im Gegensatz zum Kaiser vor diesem Gesetz verklagen), so ist Gottes Gesetz eine Art Verfassung für die Familie. Nicht die Eltern sind das Gesetz für die Kinder, sondern Eltern und Kinder unterstehen gemeinsam demselben Gesetz, denselben Schöpfungsordnungen Gottes. Aus der göttlichen Verfassung ergibt sich überhaupt erst die Autorität der Eltern. Sie gibt Rechte und Pflichten von Eltern und Kindern vor. Das kommt konkret darin zum Ausdruck, dass sich auch Eltern an diesen Ordnungen messen lassen müssen und sich entschuldigen, wenn sie gegen diese Ordnungen verstoßen haben. Wenn Eltern ihre Kinder belügen, müssen sie das ebenso eingestehen wie die Kinder und dafür um Entschuldigung bitten. Alles andere hätte verheerende Folgen. Ich kenne manche Kinder christlicher Eltern, bei denen

> **Beispiel aus dem familiären Bereich**

sich (vorzugsweise) der Vater nie entschuldigt hat. Er hatte immer Recht, auch wenn er im Unrecht war. Welch verheerende Erziehungsbotschaft! Und was für eine Botschaft über die Werte, die man ständig im Munde führt: Sie gelten augenscheinlich nur, wenn man gehorchen muss. Ist man später „der Befehlshaber", darf man sich über sie hinwegsetzen!

Beispiel aus dem kirchlichen Bereich

Eine Gemeinde möchte einen Pastor berufen. Natürlich werden dabei einige besondere Punkte eine Rolle spielen, so etwa die Übereinstimmung des Kandidaten mit dem Glaubensbekenntnis der Kirche oder etwa sein Lebensstil und Lebenswandel. Doch daneben werden innerhalb dieses Rahmens zahlreiche weitere Faktoren die Entscheidung mit beeinflussen, die mit dem Glaubensbekenntnis wenig oder nichts zu tun haben, z.B. die Frage, ob die Kinder des Kandidaten eine passende Schule am Ort finden. Ein schönes Beispiel sind auch die Begabungen des Pastors. Dass sie für die Frage der Berufung eine große Rolle spielen sollten, ist von der Bibel vorgezeichnet. Doch wie ist in Erfahrung zu bringen, welche Gaben er hat und welche Gaben auf Grund der örtlichen Situation gebraucht werden? Erst im Zusammenspiel von Situation, Herkunft, Erfahrung, Tradition und der persönlichen Einstellung kann eine richtige Entscheidung gefällt werden.

Beispiel aus dem staatlichen Bereich

Der Staat braucht eine grundsätzliche ethische Fundierung, die u.a. beinhaltet, dass es eine seiner Hauptaufgaben ist, menschliches Leben zu schützen. Steht diese Wertegrundlage des Staates fest, wird der Staat z.B. die Straßenverkehrsordnung weitgehend aus der Natur der Dinge ableiten – etwa was Geschwindigkeitsbegrenzungen oder Höchstgeschwindigkeit angeht. Dazu bedarf es nicht der Kenntnis der Bibel oder christlicher Lehrbücher. Die Straßenverkehrsordnung ist deswegen einerseits in den grundsätzlichen Werten des Menschen verankert (siehe § 1 der deutschen Straßenverkehrsordnung) und zugleich in ihrer konkreten Ausführung mit zahllosen technischen und sich ständig ändernden Details verbunden. Die Straßenverkehrsordnung ist untauglich, wenn sie nicht in dieser grundsätzlichen Werteordnung verankert ist, aber auch, wenn sie sich nicht ständig fragt, wie diese Werte hier und jetzt konkret am besten zu schützen sind.

Beispiel aus dem wirtschaftlichen Bereich

Ehrlichkeit und Zuverlässigkeit sind unverzichtbare Grundlagen jedes wirtschaftlichen Handelns, beim Warentausch eines Pygmäenstammes ebenso wie an den elektronischen Börsen der Welt. Jede Volkswirtschaft verträgt nur ein gewisses Maß an Unehrlichkeit und Betrug. Das zeigt sich schon bei jedem Einkauf. Wenn ich an der Kasse bezahle, entsteht ein Moment des notwendigen Vertrauens, weil man nicht völlig gleichzeitig Ware und Geld austauschen kann. Bekomme ich zuerst die Ware, könnte ich behaupten: „Ich habe schon bezahlt!" Muss *ich* aber zuerst bezahlen, könnte die Kassiererin behaupten: „Sie haben noch nicht bezahlt!" Je weniger Vertrauen herrscht, desto komplizierter wird ein Geschäft. Am Ende kann das Geschäft so kompliziert werden, wie ein Austausch von Geiseln in einem Western oder bei einer Geiselnahme, wo gegenseitiges Misstrauen vorherrscht. Und dennoch ist dieses notwendige Vertrauen in die Ehrlichkeit des anderen nur ein Rahmen. Ehrlichkeit und Zuverlässigkeit allein schaffen noch keine Wirtschaft. Sie sind aber grundlegende Werte, die einen notwendigen Rahmen schaffen. Alles aber, was sich innerhalb dieses Rahmens abspielt, muss erst noch ausgestaltet werden und ist dabei äußerst vielfältig.

Wenn das Alte Testament die Einheitlichkeit und Zuverlässigkeit von Maßen und Gewichten für den Handel einfordert, sind die dahinter stehenden Werte nicht nur eine Frage privater Ehrlichkeit, sondern Grundlage jeder funktionierenden Wirtschaftsordnung und Voraussetzung **Ein weiteres Beispiel** für einen gerechten Wohlstand. Es sind hier gleich zwei Werte im Spiel, die in den Zehn Geboten angesprochen, aber auch in jeder säkularen Gesellschaft grundsätzlich anerkannt werden, nämlich Ehrlichkeit contra Lüge („Du sollst nicht lügen!") und das Recht auf Eigentum contra Diebstahl („Du sollst nicht stehlen!" und die dazugehörige innere Einstellung „Du sollst nicht begehren!"). Wer diese Werte betrügerisch nivelliert, zerstört nicht nur persönliche Beziehungen, sondern belastet, ja zerstört die ganze Gesellschaft. In Amos 8,4-6 warnt Gott vor einer Unterdrückung der Armen und Schwachen durch falsche Handelsmaße und -gewichte. Der Heidelberger Katechismus von 1563 bezieht in Frage 110 die alttestamentlichen Vorgaben zu richtigen Maßen und Gewichten bewusst in seine Erklärung des Diebstahlverbotes mit ein, verpflichtet den Staat zur Überwachung desselben, ja zeigt überhaupt erst, wie umfassend die Reformation das Verbot des Stehlens im Alten und Neuen Testament verstanden hat: „Frage: Was verbietet Gott im achten Gebot? Antwort: Er verbietet nicht allein den Diebstahl und die Räuberei, welche die Obrigkeit straft, sondern Gott nennet auch Diebstahl alle bösen Stücke und Anschläge, damit wir unsers Nächsten Gut gedenken an uns zu bringen, es sei mit Gewalt oder Schein des Rechts (als unrechtem Gewicht, Elle, Maß, Ware, Münze, Wucher), oder durch irgendein Mittel, das von Gott verboten ist; dazu auch allen Geiz und unnütze Verschwendung seiner Gaben."[90] Obwohl die Wertesetzung der Bibel eindeutig ist, kennt sie keine für alle Zeiten und Kulturen gültigen Maße, Gewichte und Währungseinhei-

---

[90] Zitiert in Anlehnung an Reformierter Bund (Hg.), Der Heidelberger Katechismus, Neukirchen 1934², S. 62.

ten; wie sollte das auch möglich sein! Nein, Maße, Gewichte und Währungen sind ständigen Wechseln unterworfen. Doch das Prinzip der Zuverlässigkeit der Angaben des Verkäufers ist zu jeder Zeit für die Wirtschaft von grundlegender Bedeutung; seine konkrete Umsetzung muss allerdings immer wieder neu angepasst werden.

Gerechte Maße, Gewichte und Waagen

Gebote
Sprüche 16,11: „Waagbalken und rechte Waagschalen gehören Gott, sein Werk sind alle Gewichtsteine im Beutel."
Sprüche 20,10.23: „Zweierlei Gewichtssteine, zweierlei Maßeinheiten sind alle beide Gott ein Greuel. ... Ein Greuel sind Gott zweierlei Gewichtssteine, und betrügerische Waagschalen sind nicht gut."
3. Mose 19,35-36: „Ihr sollt nicht Unrecht tun im Gericht, mit dem Längenmaß, dem Gewicht und dem Hohlmaß. Gerechte Waage, gerechte Gewichtssteine, gerechtes Efa und gerechtes Hin sollt ihr haben."[91]
5. Mose 25,13-16: „Du sollst nicht zweierlei Gewicht, groß und klein, in deinem Beutel haben, und in deinem Hause soll nicht zweierlei Maß, groß und klein, sein. Du sollst ein volles und rechtes Gewicht und ein volles und rechtes Maß haben, damit dein Leben lange währe in dem Lande, das dir der Herr, dein Gott, geben wird. Denn wer das tut, der ist dem Herrn, deinem Gott, ein Greuel, ein jeder, der übeltut."
Hesekiel 45,9-12: „,... übt Recht und Gerechtigkeit! ... Ihr sollt eine gerechte Waage und ein gerechtes Efa und ein gerechtes Bat haben. Das Efa und das Bat sollen das gleiche Maß haben, so daß das Bat den zehnten Teil des Homer enthält und das Efa den zehnten [Teil] des Homer, die Maßbestimmung soll nach dem Homer geschehen. Und der Schekel soll zwanzig Gera haben, zwanzig Schekel, 25 Schekel und fünfzehn Schekel soll bei euch die Mine haben."[92]

Kritik aufgrund dieser Gebote
Hosea 12,8: „,... ein Händler, in seiner Hand ist eine betrügerische Waage, er liebt es zu übervorteilen".
Amos 8,4-6: „,... die ihr die Armen unterdrückt ... so dass wir Korn anbieten können und das Maß verkleinern und den Preis steigern und die Waage fälschen können ..."
Micha 6,10-11: „Noch immer ist unrechtes Gut und das verfluchte falsche Maß im Haus des Gottlosen. Oder sollte ich ungerechte Waagen und falsche Gewichte im Beutel billigen?"

[91] Es handelt sich um hebräische Maße.
[92] Die Bezeichnungen sind die verschiedenen hebräischen Maßbezeichnungen.

Die berühmte Aussage „Der Arbeiter ist seines Lohnes wert" (1Kor 9,9; Lk 10,7; vgl. 5Mo 25,4) macht jede Arbeit wertvoll und verpflichtet zu gerechter Bezahlung, die nicht vorenthalten werden darf (Mk 10,19; 5Mo 24,14; 3Mo 19,13; Jak 5,4).

Beispiel: Arbeitsvertrag

Das Gebot wird im Neuen Testament gleichermaßen als Verpflichtung der Kirche gegenüber den Ältesten (1Tim 5,17-18) wie als Grundsatzkritik an Unternehmern und am Materialismus verstanden: „Siehe, der von euch vorenthaltene Lohn der Arbeiter, die eure Felder geschnitten haben, schreit, und das Geschrei der Schnitter ist vor die Ohren des Herrn Zebaoth gekommen" (Jak 5,4). Den Lohn nicht oder nicht vollständig auszuzahlen ist schlimmer Diebstahl: „Ihr sollt nicht stehlen ... und ihr sollt euch nicht gegenseitig betrügen ... Du sollst deinen Nächsten nicht unterdrücken und sollst ihn nicht berauben: Der Lohn des Tagelöhners darf nicht bei dir über Nacht bis zum Morgen bleiben" (3Mo 19,11-13). Überhaupt warnt das Alte Testament häufiger, auf dem Weg des Billig-Lohnes andere zu unterdrücken, und benutzt dabei deutliche Formulierungen, die selbst Karl Marx nicht überbieten konnte: „Du sollst deinen Nächsten nicht unterdrücken und sollst ihn nicht berauben ..." (3Mo 19,13); „Du sollst den bedürftigen und armen Lohnarbeiter nicht unterdrücken, gleich ob er zu deinen Brüdern oder zu deinen Fremden gehört, die in deinem Land, in deinen Toren [= unter deiner Gerichtsbarkeit] leben. Du sollst ihm seinen Lohn am selben Tag geben, und die Sonne soll nicht darüber untergehen, weil er bedürftig ist und sehnsüchtig danach verlangt, damit er nicht deinetwegen zum Herrn schreit und sich Sünde bei dir findet" (5Mo 24,14-15); „Wehe dem, der sein Haus mit Ungerechtigkeit baut und seine Obergemächer mit Unrecht, der seinen Nächsten umsonst arbeiten lässt und ihm seinen Lohn nicht gibt" (Jer 22,13). Die biblischen Aussagen über die Verbindlichkeit von Abmachungen über Arbeitsleistung und deren Vergütung und über die Notwendigkeit und Berechtigung der Bezahlung sind von weit reichender Bedeutung. Doch sie werden nicht so formuliert, dass wir konkret wüssten, wie denn ein Arbeitsvertrag genau auszusehen habe und welcher Lohn angemessen sei. Gott weist auf die Notwendigkeit der Rechtssicherheit eines Arbeitsvertrages hin und auf eine angemessene Bezahlung, überlässt aber die konkrete Ausgestaltung den Vertragspartnern und den das Recht überwachenden Institutionen.

Wie ist das einer säkularen Umwelt zu vermitteln?

Alles menschliche Handeln wird von uns in den Rahmen einer umfassenden Deutung von Mensch und Welt eingeordnet, wodurch unser Tun und Lassen überhaupt erst einen Sinn gewinnt. Wir brauchen beides: Unverrückbare Grenzen und die Flexibilität des tatsächlichen Lebens mit immer neuen Situationen. Werte sind unverzichtbar und stecken Grenzen, die Menschen nur zu ihrem Schaden überschreiten. Aber diese Grenzen und das Wissen um die Werte schafft diese Werte noch nicht! Die Würde des Menschen ist nach unserer Verfassung unantastbar. Das ist eine unverzichtbare Grundlage unserer Gesellschaft und unserer Rechtsprechung. Aber dieser Grundsatz kann noch nicht bewirken, dass wir im Alltag tatsächlich so miteinander umgehen, dass wir uns auch wirklich gegenseitig achten. Dieser Grundsatz besagt ebenfalls noch nicht, wie der Wert „Menschenwürde" im Alltag zur Auswirkung kommt. Was bedeutet „Menschenwürde" im Umgang mit einem Baby, einem Angestellten und dem Altbundeskanzler? Was bedeutet „Menschenwürde" am Arbeitsplatz, beim Tennisspielen und im Krieg? Und wie gehen wir mit jemandem um, der die Würde anderer mit Füßen tritt? Ohne „Verfassung" kann keine menschliche Gemeinschaft leben, weder im Kleinen noch im Großen. Dennoch kann die Verfassung das tatsächliche Leben nicht ersetzen, sondern nur einordnen und schützen.

Übersetzen helfen

Es ist eine der Hauptaufgaben der Gemeinde Jesu, ihren Gliedern die Bibel in ihre jeweiligen Lebensbereiche am konkreten Beispiel übersetzen zu helfen. Dies geschieht viel zu wenig, wofür es viele Gründe gibt. Die oft nur theoretische Ausbildung der Vollzeitlichen fernab der Praxis ist daran ebenso schuld wie die Konzentration der Lehrvermittlung auf 52 Predigten für jedermann im Jahr. Auch das Ausgrenzen ganzer Lebensbereiche („Mit Wirtschaft und Politik hat die Gemeinde Jesu nichts zu tun") ist daran mit schuld.

Das beste Beispiel dafür, dass Erziehung und Ausbildung auf Selbständigkeit unter einem einenden Prinzip ausgerichtet sind, ist die Ausbildung der zwölf Apostel. Ihr liegt ein pädagogisches Programm Jesu zugrunde, in welcher Reihenfolge Jesus seine Jünger innerhalb von drei Jahren belehrte und wie er sich im Einzel- und Gruppengespräch verhielt. Jedenfalls waren in der Ausbildung der Jesusjünger Lehre und Leben, Alltag und Vortrag, Belehrung und Einzelseelsorge, Mitarbeit in der Öffentlichkeit und Gespräch ohne Öffentlichkeit so miteinander verzahnt, dass sich eine ganzheitliche Ausbildung ergab. Zum Beginn dieses Erziehungsprogrammes heißt es: „Und Jesus ging auf einen Berg und rief zu sich, die er wollte. Und sie kamen zu ihm. Und er bestellte zwölf, die er auch Apostel nannte, damit sie bei ihm

seien und er sie aussende, um zu predigen und Vollmacht zu haben, die
Dämonen auszutreiben" (Mk 3,13-16). Einerseits beschränkte sich
Jesus auf eine kleine Zahl seiner Jünger, „damit sie bei ihm seien", so
wie ein Vater sich auch nur um eine kleine Zahl von Kindern küm-
mern kann. Die zwölf Apostel sollten das Leben mit Jesus teilen. Sein
Leben kann aber niemand mit vielen Menschen gleichzeitig teilen.
Niemand kann seiner Rolle als Eltern gerecht werden, wenn er vierzig
Kinder hätte. Hat jemand vierzig Kinder zu betreuen, handelt es sich
wahrscheinlich um ein Kinderheim. Ohne die aufopferungsvolle Ar-
beit von Erziehern in Frage stellen zu wollen, können sie doch nie die
intensive Erziehung ersetzen, wie sie Vater und Mutter einer kleinen
Zahl von Kindern angedeihen lassen können. Andererseits erwählte
Jesus die Apostel zugleich, „damit er sie aussende". Die intensive
Gemeinschaft mit Jesus und Abhängigkeit von ihm hatte das Ziel der
Aussendung selbständiger und reifer Mitarbeiter. Die Jünger sollten
nicht für immer in der engen Gemeinschaft mit Jesus leben, sondern
schließlich den Auftrag Jesu selbständig weiterführen. In Johannes
20,21 teilt Jesus seinen Jüngern mit: „Wie der Vater mich gesandt hat,
so sende ich auch euch" (vgl. ähnlich Joh 17,18). Das Ziel der engen
Bindung an Jesus lag im kommenden Missionsbefehl: „Macht zu
Jüngern alle Völker ... und lehrt sie, alles zu bewahren, was ich euch
befohlen habe" (Mt 28,18-20). Die Jünger sollten all das tun, was Jesus
sie anschaulich gelehrt hatte, aber eben nicht unter seiner ständigen
persönlichen Aufsicht und Anwesenheit, sondern überzeugt, selbständig und unverwechselbar.

Auch die Kindererziehung soll von der äußerst engen
Lebensgemeinschaft des Kleinkindes, über das allmähli-
che Selbständigwerden des Kindes und Jugendlichen in
einer sich ständig verändernden Lebensgemeinschaft zur
Selbständigkeit führen, die auch die Lebensgemeinschaft

*Beispiel aus
dem
familiären
Bereich*

verändert. Die erwachsenen Kinder schulden dann den
Eltern keinen Gehorsam mehr. Was bleibt, sind die Werte, die ihnen durch
Eltern, Lehrer und sonstige Bezugspersonen vermittelt wurden. Was meinen
Eltern einmal geschmeckt hat, braucht mir nicht mehr zu schmecken; ich
habe meinen eigenen Geschmack, und grundsätzlich spricht nichts dagegen,
ihm zu folgen. Ich habe auch mit meiner eigenen Familie eine neue Esskultur
entwickelt. Was habe ich meinen Eltern in Bezug auf das Essen zu verdanken?
Es sind die Werte, die das Essen betreffen. So bestimmt mich die Dankbarkeit
gegenüber Gott, wie sie etwa im Tischgebet zum Ausdruck kommt. (Das sieht
übrigens ganz anders aus, als bei meinen Eltern, und meine Kinder werden es

wieder anders machen.) Gott ist wichtiger als das Essen. Und dann gehört für mich zum Thema „Essen" der Einsatz für Menschen, die nicht genug zu essen haben, der bei mir etwa in der Leitung eines internationalen Hilfswerkes für die Dritte Welt zum Ausdruck kommt. Das haben meine Eltern konkret nie gemacht. Und dennoch sind es ihre Werte, die bei mir Früchte tragen. Entscheidend ist also nicht, dass Kinder den Lebensstil ihrer Eltern übernehmen, sondern dass sie die grundlegenden Werte, die Gott den Menschen gegeben hat, begreifen und selbständig anwenden.

Wir müssen ganz neu lernen, grundlegende Werte und Ordnungen in die konkreten Situationen unseres Lebens zu übersetzen. Der beste Ort dafür wären Familie und Gemeinde. Wer aber dort nicht die notwendigen Fähigkeiten erlernen konnte, sollte sie sich bei jedem holen, der ihm dabei behilflich sein kann. Denn wer nicht in der Lage ist, einen Tausendmarkschein in Kleingeld zu wechseln, kann sich bei allem Reichtum nicht einmal ein Eis kaufen.

2.3 Normativ führen heißt seine Aufgabe kennen

Die vier Mandate

Wir wollen die Lehre Dietrich Bonhoeffers von den vier Mandaten aufgreifen. Sie geht davon aus, dass Gott unterschiedliche Beziehungen und Gemeinschaften geschaffen hat, die jeweils unterschiedliche Aufgaben haben und deswegen auch unterschiedlich regiert werden. Danach gibt es vier voneinander unabhängige „Bünde", vier von Gott eingesetzte Institutionen: Ehe (Familie), Arbeit, Obrigkeit (Staat) und Kirche.

Ray R. Sutton schreibt dazu: „Gott gebraucht das Wort Bund, um alle Beziehungen in der Schrift zu beschreiben: seine Beziehung zu sich selbst, zu seiner Schöpfung und der Beziehungen innerhalb seiner Schöpfung: Familie, Arbeit, Kirche und Staat."[93]

---

[93]   Ray R. Sutton, „A Tract on Covenant", Covenant Renewal 3 (1989) 9: 1-4, hier S. 1.

Ein Bund kommt durch einen Eid (Schwur) vor Gott zustande und untersteht einem Bundesgesetz (einer Verfassung), deren Grundzüge sich aus der Schöpfungsordnung ergeben. Es gibt keine „natürliche" Autorität, sondern nur von Gott gegebene Autorität und von ihm mit einer begrenzten Aufgabe betraute Autoritäten.

Auf diesem Wege gelangt man auch zur Vierzahl. Welche Institutionen hat Gott direkt eingesetzt und mit einer Bundesstruktur (Eid und Verfassung) ausgestattet? Für Arbeit, Ehe, Staat und Kirche ist dies zu zeigen, für eine fünfte nicht. So ist etwa die Schule aus der Erziehungsautorität der vier Bundesinstitutionen abgeleitet, aber selbst keine Institution, die unmittelbar zu Gott ist.

Dietrich Bonhoeffer[94] hat diese Bünde „Mandate" genannt: „Die Schrift kennt vier solcher Mandate: Die Arbeit, die Ehe, die Obrigkeit, die Kirche."[95] Man kann diese Mandate, so Bonhoeffer, nicht in weltliche und göttliche unterscheiden, ja diese von Gott gegebenen Mandate machen Christen jeden Rückzug aus dem weltlichen in einen rein geistlichen Bereich unmöglich[96]. Für Bonhoeffer haben alle diese Mandate ihren Ursprung im Himmel.[97] Die Ehe findet ihr Vorbild in Christus und der Gemeinde, die Familie in Gott als Vater und Sohn, die Arbeit in der Schöpfung und dem Dienst Gottes und die Obrigkeit in der Herrschaft Christi.

Bonhoeffers Mandatenlehre wurde zweifellos von Luthers Dreiständelehre angeregt[98], benutzte aber den Begriff „Mandat", „um

---

[94] Vgl. zu Bonhoeffers Mandatenlehre Rainer Mayer, „Die Bedeutung von Bonhoeffers Mandatenlehre für eine moderne politische Ethik", S. 58–80, in: Rainer Mayer/Peter Zimmerling (Hg.), Dietrich Bonhoeffer heute. Die Aktualität seines Lebens und Werkes, Gießen 1992; Rainer Mayer, „Zuviel Staat oder zuwenig Staat?", S. 126–158, in: Rainer Mayer/Peter Zimmerling, Dietrich Bonhoeffer, Beten und Tun des Gerechten. Glaube und Verantwortung im Widerstand, Gießen 1997, S. 143–146; Rainer Mayer, Christuswirklichkeit. Grundlagen, Entwicklung und Konsequenzen der Theologie Dietrich Bonhoeffers, Stuttgart 1980² (1969¹), S. 179–186; Jürgen Weißbach, Christologie und Ethik bei Dietrich Bonhoeffer, München 1966, S. 37–45; Jürgen Moltmann, Herrschaft Christi und soziale Wirklichkeit nach Dietrich Bonhoeffer, München 1959, S. 45–61 (Moltmann hat später seine Meinung grundlegend geändert); Reinhard Hauber, „Das Mandat der Ehe bei Dietrich Bonhoeffer", S. 89–104, in: Wilfried Veeser u. a. (Hg.), Theologische Auseinandersetzung mit dem Denken unserer Zeit, Bd. 3, Neuhausen 1984.

[95] Dietrich Bonhoeffer, Ethik, München 1949, S. 70; ähnlich auch S. 216; vgl. zu den einzelnen Mandaten S. 70–74 und Dietrich Bonhoeffer, Dietrich Bonhoeffer Werke Bd. 6: Ethik, München 1992, S. 392–398 (mit Anmerkungen).

[96] Dietrich Bonhoeffer, Ethik, aaO., S. 70.

[97] Vgl. Jürgen Moltmann, Herrschaft Christi und soziale Wirklichkeit nach Dietrich Bonhoeffer, aaO., S. 54.

[98] Ebd., S. 46–47.

einem starren Ordnungs- und Raumdenken zu entgehen"[99]. Der Begriffswechsel ändert jedoch nichts daran, dass Bonhoeffer zu den klassischen Ordnungsethikern zählt.[100]

Der reformierte Theologe (und zeitweilige Ministerpräsident der Niederlande) Abraham Kuyper (1837-1920) kennt ebenfalls neben der Kirche drei „Ordnungen", die jede für sich Gott unmittelbar unterstehen: Familie, Wirtschaft und Staat[101].

John Witte fasst die ähnliche Sicht des niederländischen calvinistischen Philosophen Hermann Dooyeweerd in vier Punkten zusammen[102]: 1. Alle Institutionen finden ihren letzten Ursprung in der Schöpfung. 2. Gott regiert absolut souverän über alle Bereiche der Schöpfung, weswegen nichts von seiner Autorität ausgenommen ist. 3. „Gottes Autorität ist eine Gesetzesautorität"[103]. Gott herrscht also durch Gesetze, Naturgesetze, Gesetze der Logik und Moralgesetze. 4. Jede soziale Institution hat ihr eigenes Recht und eine gesetzliche Pflicht im Rahmen der Schöpfung (Bereichssouveränität, engl. *sphere sovereignty*[104]). Dies führt zur Verteidigung der „unabhängigen Souveränität der Kirche, des Staates, der Familie und verschiedener wirtschaftlicher Organisationen"[105]. Drei dieser Bünde, Familie, Kirche und Staat, werden in den meisten Konfessionen als grundlegende, gottgegebene Einrichtungen angesehen. Inwiefern Arbeit, also Wirtschaft und Kulturschaffen, der Familie untergeordnet wird oder als eigenständiger vierter Bund gilt, ist dagegen unterschiedlich gesehen worden. Ich gehe hier von vier Bünden aus, beziehe aber die Argumente von Vertretern der drei Bünde mit ein.

Nach Luther gibt es „dreierlei Regimente in der Welt", die „Gott gibt und erhält"[106], nämlich Familie, Staat und Kirche, die für ihn schon

---

[99] Ebd., S. 49.

[100] Vgl. zur Ordnungsethik Paul Althaus, Theologie der Ordnungen, 1935², bes. S. 13-16 (pro Schöpfungsordnungen), S. 16-18 (Abschnitt „Die Ordnungen als Gesetz Gottes"). Ordnungen „sind zugleich gegeben und aufgegeben", sind „zugleich Gabe und Gesetz Gottes", formuliert Althaus ebd., S. 16 treffend.

[101] Vgl. Alfred de Quervain, Die Heiligung, Ethik , Zollikon 1946², S. 310-311.

[102] John Witte, „Introduction", S. 11-30, in: Hermann Dooyeweerd, A Christian Theory of Social Institutions, La Jolla (CA); St. Catharines (ON/CAN) 1986, S. 16-17.

[103] Ebd., S. 16.

[104] Ebd., S. 17.

[105] Ebd.

[106] Zitiert nach Martin Luther, Sämtliche Schriften, hg. von Johann Georg Walch, Bd. 23, Groß Oesingen, 1986 (ND von 1910²), Sp. 1509 (dort auch Quellenangabe).

im Paradies angelegt waren[107]. „Die drei göttlichen Regimente, welche die Sophisten Hierarchien nennen, sind das Hausregiment, das weltliche und das Kirchenregiment."[108]

Luther nennt die drei Regimente oft auch „Stifte" oder „Orden"[109], womit er wohl in polemischer Weise etwas Biblisches an die Stelle der bisherigen Stifte und Orden setzen will[110]. Die bisherigen Stifte und Orden sind für ihn nicht von Gott eingesetzt: „Aber die heiligen orden und rechte stiffte von Gott eingesetzt sind diese drey: Das priester ampt, Der Ehestand, Die weltliche öberkeit."[111]

De facto kannte Luther nicht drei, sondern vier Regimente. Stellt man nämlich die verschiedenen „Väter" bei Luther zusammen, so finden sich leibliche Väter, geistliche Väter, politische Väter („Landesvater") und berufliche Väter (Herren, Meister usw.).[112] So schreibt Luther[113]

---

[107] Vgl. zu Luthers Regimenterlehre Wilhelm Maurer, Luthers Lehre von den drei Hierarchien und ihr mittelalterlicher Hintergrund, München 1970; Hans-Jürgen Prien, Luthers Wirtschaftsethik, Göttingen 1992, S. 162-170; Reinhard Schwarz, „Luthers Lehre von den drei Ständen und die drei Dimensionen der Ethik", Lutherjahrbuch (1978) 15-34; Reinhard Schwarz, „Ecclesia; oeconomia; politia: Sozialgeschichtliche und fundamentalethische Aspekte der protestantischen Drei-Stände-Theorie", S. 78-88. in: Horst Renz/Friedrich Wilhelm Graf, Troeltsch-Studien 3: Protestantismus und Neuzeit. Gütersloh, 1984; Werner Elert, Morphologie des Luthertums, Zweiter Band: Soziallehren und Sozialwirkungen des Luthertums, München 1953², S. 56-65; Peter Barth, Das Problem der natürlichen Theologie bei Calvin, München 1935, S. 57; F. Edward Cranz, An Essay on the Development of Luther's Thought on Justice, Law, and Society, Cambridge (MA) 1959, S. 160-161.174-176; K. Köhler, „Die altprotestantische Lehre von den drei kirchlichen Ständen", Zeitschrift für Kirchenrecht 21/NF 6 (1886) 99-150.193-231; Friedrich Lezius, „Gleichheit und Ungleichheit: Aphorismen zur Theologie und Staatsanschauung Luthers", S. 285-326, in: Greifswalder Studien: Theologische Abhandlungen Hermann Cremer zum 25jährigen Professorenjubiläum dargebracht, Gütersloh 1895; Karl-Heinz zur Mühlen, „Luther II. Theologie", 530-567, in: Gerhard Müller (Hg.), Theologische Realenzyklopädie, Bd. 21, Berlin 2000/1991, hier S. 557-560.

[108] Zitiert nach Martin Luther, Sämtliche Schriften, Bd. 23, aaO., Sp. 806 (dort auch Quellenangabe); vgl. auch „Jedes der drei Regimente, das geistliche, das weltliche und das Hausregiment, hat seinen Teufel, dadurch es gehindert oder verderbt wird", zitiert nach ebd., Sp. 1510 (dort auch Quellenangabe).

[109] Reinhard Schwarz, „Ecclesia; oeconomia; politia", aaO., S. 83.

[110] So Reinhard Schwarz, „Luthers Lehre von den drei Ständen und die drei Dimensionen der Ethik", aaO., S. 17.

[111] Martin Luther, Sämtliche Schriften, Bd. 23, aaO., 1510.

[112] Siehe Luthers Auslegung des 4. Gebotes (nach reformierter Zählung des 5. Gebotes) in seinem Großen Katechismus: Horst Georg Pöhlmann u. a. (Hg.), Unser Glaube. Die Bekenntnisschriften der evangelisch-lutherischen Kirche. Ausgabe für die Gemeinde. Gütersloh 1986, S. 629-634, Abschnitte 645-652; vgl. Martin Honecker, Einführung in die Theologische Ethik, Berlin 1990, S. 294.296.

[113] Die spätere lutherische Theologie ging ebenfalls von einem „unmittelbar von Gott selbst eingesetzten Schematismus des Reiches Gottes", also von drei göttlichen Institutionen bzw. Hierarchien aus, nämlich dem Staat (lat. *magistratus civilis*), der Kirche (lat. *status hierarchici*) und der Ehe und Familie (lat. *status oeconomicus*), wobei die Bezeichnung des letzteren als „wirtschaftlichem Status" deutlich macht, dass die Wirtschaft der Familie zugeordnet wurde, während ich sie neben die Familie stelle (Zitate aus Carl Bernhard Hundeshagen, Calvinismus und staatsbürgerliche Freiheit; Hubert Languet, Wider die Tyrannen, hg. von Laure Wyss, Zollikon 1946, S. 18).

etwa: „So haben wir dreierlei Väter ...: die [Väter] nach dem Blut, des Hauses und des Landes. Außerdem gibt es noch geistliche Väter."[114]

Die unterschiedlichen Aufgaben der vier Mandate

Die vier Bünde bzw. Institutionen oder Lebensbereiche haben ganz unterschiedliche Aufgaben und unterstehen Gott direkt, auch wenn sie miteinander verwoben sind und ihre Aufgaben jeweils in die anderen Bünde hineinreichen können.

Zur Autorität der vier Bünde gehören völlig verschiedene Strafen:
- die Familie straft durch Erziehung bis hin zur eng begrenzten körperlichen Züchtigung;
- der Arbeitgeber straft durch geringere Bezahlung oder Entlassung;
- die Gemeinde straft durch Ermahnen bis hin zur Gemeindezucht;
- der Staat straft durch Geldstrafen und Gefängnis bis hin zur Höchststrafe („Gericht ... es sei zum Tode oder zur Verbannung oder zur Geldstrafe oder zum Gefängnis", Esra 7,26).

Deswegen hatten beispielsweise Eltern im Alten Testament kein Recht, über ihre Kinder zu Gericht zu sitzen. Kinder, die ihren Eltern trotz Strafens nicht mehr gehorchen wollten, sollten von den Eltern dem örtlichen Gericht übergeben werden (5Mo 21,18-21). Das elterliche Recht geht eben nicht über die eng begrenzte körperliche Bestrafung hinaus (Spr 19,18). Gewalt darf nur der Staat anwenden.
Alle vier Bünde bzw. Institutionen kommen auf örtlicher Ebene jeweils durch Wahl und nachfolgenden Eid, also einen beeideten Vertrag (eine Verfassung) zustande:
- in der Familie durch Wahl des Ehepartners, durch Verlobung und Eheschließung (Mal 2,14-16);
- in der Gemeinde durch die Wahl der Aufseher, Ältesten und Diakone und deren Einsetzung (Ordination - Apg 14,23; vgl. 6,1-6; 1,15-26);
- im Arbeitsverhältnis durch die Wahl des Arbeitgebers und des Arbeitnehmers und einen Arbeitsvertrag (nach Jak 5,4 ist der Arbeitsvertrag bindend; vgl. Mt 20,1-16);

---

[114] Horst Georg Pöhlmann u. a. (Hg.), Unser Glaube, aaO., S. 634 (Abschnitt 652).

- im Staat durch die Wahl der Vertreter oder Repräsentanten (vgl. in den USA das „Repräsentantenhaus"; im Alten Testament „Älteste" genannt). Das alttestamentliche „Parlament" der Ältesten hatte den Namen „die ganze Versammlung Israels" (1Kön 12,3 und Jos 23,2). Auch der König wurde „gewählt" („der König, den ihr erwählt habt", 1Sam 12,13)[115], denn: „In der Menge des Volkes ist die Herrlichkeit eines Königs" (Spr 14,28). Außerdem wurde der König durch einen Amtseid gegenüber Volk und Parlament eingesetzt (2Sam 5,3-5; 2Kön 11,4-12; 1Kön 12,3-5.12-17.20).

Übrigens haben alle Autoritäten ein Recht auf Bezahlung. Die Eltern vor allem im Alter (1Tim 5,4.8; Mk 7,7-13), die Ältesten durch die Gemeinde (1Tim 5,17-18; 1Kor 9,9), der Staat durch die Steuer. Im Falle des Arbeitgebers findet sich die Bezahlung in der Arbeitsleistung des Arbeitenden beziehungsweise in der Gewinnspanne.

Unterschiedliche Aspekte der vier Mandate (von Karl Schock)

Gott beschreibt im Alten Testament mit dem Wort „Bund" alle Beziehungen zwischen seiner Schöpfung, sich selbst und auch zwischen den verschiedenen Schöpfungsbereichen. Ein Bund (oder eine Bundesinstitution) kommt durch Eid (Schwur) vor Gott zustande und untersteht einem Bundesgesetz (Verfassung). Jeder Bund wird unterschiedlich „regiert" und folgt z.T. unterschiedlichen ethischen Prinzipien. Jeder Mensch gehört gleichzeitig jedem Bund an, und alle gehören zusammen. Die Bünde dürfen sich nicht gegenseitig missbräuchlich dominieren oder vermischen.

---

[115] Im Königsgesetz 5. Mose 17,14-20 ist wohl auch die Wahl des Königs gemeint, wenn davon die Rede ist, dass das Volk „einen König über dich einsetzen" soll (17,15-16).

Apekt	Familie/Person	Kirche	Arbeit/ Wirtschaft	Staat
Ziel, Streben Methoden	Familienzusammengehörigkeit, Fortpflanzung, Harmonie	Rechtfertigung, Einheit des Glaubens	Ertrag, Erfolg, Effizienz, Wertschöpfung, Versorgung	Wohlstand, nationale Einheit, Versorgung, Ordnung, Sicherheit
Erreichen der Ziele	Erziehung, Beziehungspflege, Zuwendung	Lehre, kirchliche Gemeinschaft, Sakrament	Training, Selbstverwirklichung, legit. Erfolgsstreben, Egoismus	Legislative, Executive, militärische -, polizeiliche Durchsetzung
Verbindung, Beziehung	Blutsverwandtschaft, Liebe, körperliche u. geistige Einheit	„Leib Christi", Gnade, Liebe geistliche Einheit, Glaube	Leistungs- und Sozialgemeinschaft, Gehorsam	Nationale Zusammengehörigkeit, Sprache, Kultur
Autorität, Regierung	leibliche Väter und Mütter	geistliche Väter und Mütter	Arbeitgeber, Meister	Landesväter, Regierung
Selektion, Vertrag	Partnerwahl, Verlobung, Ehevertrag	Wahl der Bischöfe und Leiter, Ordination	Arbeitsvertrag	Wahl der Repräsentanten, Amtseid
Belohnung	Zuneigung, Annahme	Rechtfertigung, Seelenheil, Segnungen	Lohn, Vermögen	Anerkennung, Titel, Orden
Disziplinierung	Erziehung, begrenzte Züchtigung, Scheidung	Ermahnung, Gemeindezucht	Geringe Bezahlung, (Anreiz), Entlassung	Sachstrafen, Gefängnis, Polizei, Militär
Jurisdiktion	Freiwilligkeit	Dogma, Kirchenrecht	Betriebsordnung u. -verfassung	Staatsgesetze
Schlichtung	väterliche und mütterliche Autorität	Lehramt, priesterliche-, bischöfliche Hierarchie	„Der Chef hat immer Recht", Leitungsstruktur, Kapitalmacht	Gerichte, Obrigkeiten, Staatsgewalt
Gesetze	Liebe, Annahme, Vergebung u.U. Scheidungsrecht	Reich Gottes – Prinzipien, Bergpredigt	Marktgesetze, Wettbewerb, Geld regiert die Welt	Staatliche Ordnungsgesetze
Gratifikation	Geborgenheit, Kinder, Angehörige	Seligkeit, Gottwohlgefälligkeit, seelische Gesundheit	Besitz, Versorgung, Selbstverwirklichung	Heimat, Kultur, Sicherheit
Gefahren	Abhängigkeit, Trennung, Liebesentzug	Indoktrination, Exkommunikation	Vermögensverlust, Arbeitslosigkeit	Unfreiheit, kriegerische Auseinandersetzungen
Willensbildung	Übereinkunft, Familienkonferenz	Kirchen- und Gemeindeverfassung, Lehramt	Mitbestimmung, Kapitaleignermehrheit	Demok. Mehrheitsbeschluss, Verfassung

Die Trennung von Kirche und Staat

Aufgrund der Existenz der vier „Bünde" gibt es bereits im Alten Testament eine Trennung von „Kirche" und „Staat". Nicht zufällig wurde in den USA die Trennung von Kirche und Staat von überzeugten Christen eingeführt. Erst wenn der Staat sich nicht mehr den Schöpfungsordnungen Gottes verpflichtet weiß, wird aus der Trennung von Kirche und Staat ein Kampf des Staates gegen das Christentum.

Die Trennung von Kirche und Staat ist nicht gegen das Christentum eingeführt worden, sondern von Christen initiiert und umgesetzt worden. Trotz mancher Verirrungen früherer Jahrhunderte gab es keine andere Religion, in der die Trennung von Kirche und Staat von Anfang an so angelegt war wie im Christentum. Während in anderen Völkern selbstverständlich der Herrscher auch die Funktion des obersten Priesters (oder gar Gottes) innehatte, kennen das Alte wie Neue Testament weder einen König, der zugleich oberster Priester ist, noch einen obersten Priester, der zugleich die Politik bestimmt.

Das Alte Testament unterscheidet sich von seiner Umwelt unter anderem dadurch, dass es

- zum einen zunächst (nach dem Willen Gottes) keinen König hatte, also den Beweis antrat, dass ein Staat auch ohne die Machtausstattung eines Königs regiert werden kann;
- zum anderen der Führer des Staates, selbst der spätere König, nicht oberster Priester war, ja, der König noch nicht einmal Verfügungsgewalt über die Priester hatte und sich die Kritik von Priestern und Propheten gefallen lassen musste.

Deutliche Beispiele dieser Trennung im Alten Testament sind:
- der Unterschied zwischen König und Priester;
- die Arbeitsteilung von Mose als Gesetzgeber und Aaron als Hoherpriester;
- die Arbeitsteilung von Nehemia als Statthalter und Esra als Priester;
- die Arbeitsteilung von Deborah als Prophetin und Barak als Richter und Feldherr;
- die doppelte Verwaltung in Israel, wie sie etwa 2. Chronik 19,11 zum Ausdruck bringt: „Amarja, der Hohepriester, ist über euch bestellt in allen Sachen des Herrn; Sebadja, der Fürst Judas, in allen Sachen des Königs." Es gab getrennte weltliche und geistliche Gerichtsbarkeiten (2Chr 19,8);
- die Existenz von zwei Arten von Steuern, nämlich der Steuer für

Gott (der „Zehnte") und der Steuer für den König („Abgabe",
„Steuer"). Jesus geht von diesem getrennten Steuersystem aus, obwohl die Obrigkeit inzwischen längst nicht mehr der König Israels,
sondern eine fremde Macht war: „Gebt dem Kaiser, was des Kaisers
ist, und Gott, was Gottes ist" (Mt 22,21; vgl. Spr 24,21; 1Petr 2,17);

- die Existenz zweierlei Salbung (Doppelsalbung in 1Chr 29,22:
  Salomo „zum Fürsten"; Zadok „zum Priester");
- die Existenz zweier zentraler Häuser in Jerusalem („Haus des
  Herrn" und „Haus des Königs" in 2Chr 7,11);
- die Existenz zweier Gesetzessammlungen („Gesetz Gottes" und
  „Gesetz des Königs" in Esra 7,26).

Die Trennung von „Kirche" und „Staat" kommt in dem Wort Jesu klar
zum Ausdruck: „Gebt dem Kaiser, was des Kaisers ist, und Gott, was
Gottes ist" (Mk 12,17). Jesus nahm damit zugleich eindeutig eine Be-
schränkung der Autorität des Staates vor, der auch damals schon alles
beherrschen und reglementieren wollte.

Der Mitverfasser des Heidelberger Katechismus, Zacharias Ursinus
(1534-1583), schreibt zum Unterschied von Kirche und Staat: „1. Die
staatliche Gewalt bestraft *vi corporali* [= mit körperlicher Gewalt], die
Kirche ermahnt nur durch das Wort und schließt aus der Gemeinschaft
aus. 2. Der Staat beschränkt sich auf die Ausübung der Gerechtigkeit
in der Strafe, die Kirche aber sucht die Besserung und das Heil der
Menschen. 3. Der Staat geht zur Strafe über, wo die Gemeinde
brüderlich ermahnt, ‚um durch eine baldige Besserung die Strafen der
staatlichen Gewalt zu vermeiden'. 4. Der Staat bestraft viele Laster
nicht, die der Kirche schaden und von ihr getadelt werden müssen."[116]

Martin Luthers „Zwei-Reiche-Lehre" hat eine zentrale Rolle für
die Trennung (und doch letztlichen Zusammengehörigkeit) der beiden Bundesinstitutionen Kirche und Staat gespielt. Meines Erachtens
benötigen wir eigentlich eine „Vier-Reiche-Lehre", wobei wir auch
auf Luther selbst zurückgreifen können. Sicher hat das Verhältnis von
Kirche und Staat lange im Mittelpunkt des Interesses gestanden, aber
das Verhältnis dieser Größen zur Wirtschaft und zur Familie ist ebenfalls von Bedeutung. Wir müssen in der christlichen Ethik ganz neu das
Verhältnis nicht nur zweier Schöpfungsordnungen, sondern von vier
Schöpfungsordnungen zueinander bedenken. Vielleicht ist uns heute

---

[116] Erdmann K. Sturm, Der junge Zacharias Ursin. Sein Weg vom Philippismus zum Calvinismus,
Neukirchen 1972, S. 307-308 (dort auch Belegstellenangabe).

das Verhältnis von Familie und Staat oder von Wirtschaft und Staat bewusster als früheren Generationen. Aber schon die Bibel gibt der Ethik dieses Thema vor, über das man sich im Laufe der Kirchengeschichte schon oft Gedanken gemacht hat.

Die Mandate gehören zusammen

Weil alle Bünde der Schöpfungsordnung Gottes unterstehen, achten sie jeweils den Anspruch und die Aufgabe der anderen Bünde. Die Bünde helfen sich gegenseitig, sofern sie nicht ihre eigenen Aufgaben und Rechte überschreiten. Die Kirche betet für die Obrigkeit, berät sie und ermahnt ihre Glieder zur Achtung des Staates. Die Eltern erziehen ihre Kinder zum Respekt vor gottgewollter Autorität – auch in den anderen Bünden. Wirtschaft und Familien finanzieren durch ihre Steuern den Staat und die Kirche. Die Kirche wiederum ist den Eltern behilflich, ihre Kinder nach dem Willen Gottes zu erziehen.

Keines der vier Mandate darf unter die Herrschaft eines anderen Mandates gelangen, aber auch keines der Mandate kann unabhängig von den anderen bestehen, und jedes Mandat untersteht in bestimmten Aspekten der Autorität der anderen Mandate.

Jeder Mensch gehört ja immer gleichzeitig den vier Schöpfungsordnungen an. Allein dadurch ist schon vorgegeben, dass die vier Mandate nicht unabhängig voneinander existieren können. Jeder kann und muss zwischen seiner jeweiligen Aufgabe und Autorität innerhalb der vier Ordnungen unterscheiden, aber er bleibt eben doch *ein* Mensch. So kann ich Vater, Unternehmer, Presbyter und politisch Engagierter zugleich sein. Einerseits muss ich diese Aufgaben voneinander unterscheiden, andererseits sorgt schon die Tatsache, dass ich immer ein und derselbe Mensch bin, dafür, dass die verschiedenen Ordnungen zusammenspielen müssen.

So hat die Familie ihre eigenen Aufgaben und Rechte, die sie nicht erst vom Staat erhält, ja sie geht dem Staat voraus.[117] Und dennoch soll der Staat die Familie nicht nur fördern, sondern etwa auch Gesetze erlassen, die Beginn und Ende einer Familie definieren. So ist es rechtens, dass der Staat bei fortwährender Kindesmisshandlung den Eltern das Erziehungsrecht entzieht. Aus der vorgegebenen Autorität

---

[117] Vgl. J. B. Shearer, Hebrew Institutions, Richmond (VI) 1910, S. 11-13.

der Familie ergibt sich, dass der Staat jeweils nur den Missbrauch der Familienautorität ahnden kann.

Es besteht die Gefahr, dass ein Mandat ein anderes Mandat beherrschen will und nicht in seiner Eigenständigkeit akzeptiert. Andererseits ist auch die Gefahr einer völligen Verselbständigung einzelner Mandate sehr groß, welche das Aufeinanderbezogensein der Mandate leugnet.

Wie ist das einer säkularen Umwelt zu vermitteln?
Wenn man eine gute und sinnvolle Entscheidung fällen will, muss man seine Aufgabe kennen und wissen, innerhalb welcher Autoritätsstruktur man arbeitet. Die grundlegenden Institutionen unserer Gesellschaft leiten ihre Existenzberechtigung nicht voneinander ab, sondern haben ihre Würde und Aufgabe in sich selbst. Jede von ihnen hat bestimmte Aufgaben und damit Autorität, jede von ihnen ist aber in Aufgabe und Autorität beschränkt und muss die Aufgaben und Rechte anderer Institutionen respektieren.

Die vier ethischen Institutionen (Mandate)

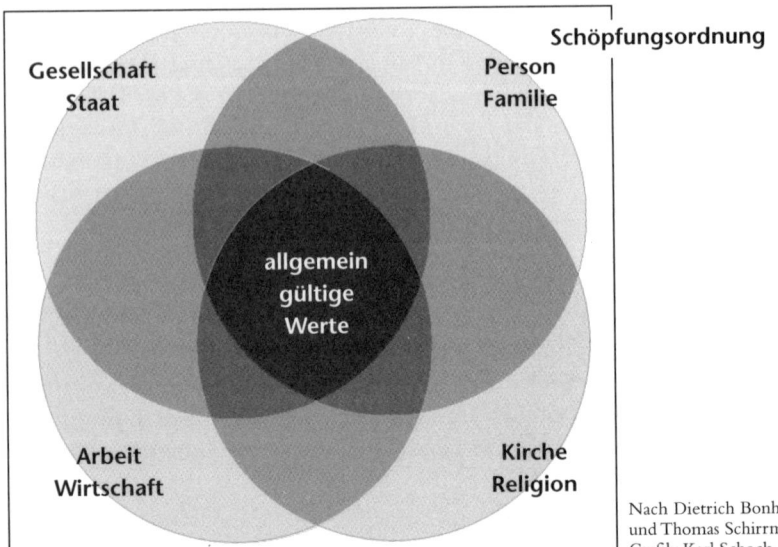

Nach Dietrich Bonhoeffer
und Thomas Schirrmacher
Grafik: Karl Schock

Beispiele für Gefahren der Grenzüberschreitung der einzelnen Mandate

Derselbe Wert, der für alle Lebensbereiche gilt, kann sich im Rahmen eines bestimmten Lebensbereiches recht unterschiedlich ausdrücken und auch seine Gewährleistung wird von den unterschiedlichen Aufgaben her ganz unterschiedlich sichergestellt. Deswegen ist es wichtig, seinen Aufgabenbereich zu kennen. Wer dagegen die Lebensbereiche vermischt, wird die Freiheit der einzelnen Lebensbereiche zerstören.

Ich kann als Arbeitgeber einen Arbeitnehmer nicht wie mein Kind behandeln, denn ich habe einen erwachsenen Menschen vor mir, der mir nur insoweit untersteht, als es der Arbeitsvertrag bestimmt.

Beispiel aus dem wirtschaftlichen Bereich

Umgekehrt kann ich mein Kind nicht wie einen Arbeitnehmer behandeln und es nach mehrfacher Abmahnung „entlassen". Auch wenn ich mein Kind zur Mitarbeit erziehen möchte, habe ich keinen Anspruch auf eine konkrete Arbeitsleistung; Kinderarbeit ist zu Recht verboten.

Beispiel aus dem familiären Bereich

Der Kirche ist es von Gott verwehrt, irgendeine Form von Gewalt zur Durchsetzung ihrer Interessen innerhalb und außerhalb der Gemeinde zu benutzen, wie berechtigt diese Interessen auch immer erscheinen mögen. Die Kirche unterstützt zwar das Gewaltmonopol des Staates, aber gerade deswegen hat sie selbst keinerlei Möglichkeiten, ihre Auffassung durch physische oder psychische Gewalt durchzusetzen. Ihre Waffe ist allein das „Wort", also das Überzeugen anderer. Im äußersten Fall kann sie ihre Mitglieder ausschließen, aber sonst sind ihr die Hände gebunden.

Beispiel aus dem kirchlichen Bereich

Wie ist das einer säkularen Umwelt zu vermitteln?
Es würde zu weit führen, alle Gefahren einer Mandatsüberschreitung darzustellen, aber es sollen einige Beispiele skizziert werden, um die Tragweite der Thematik zu verdeutlichen.
Familie beherrscht Kirche: Im Mittelalter beherrschte bisweilen die Verwandtschaft eines Papstes große Teile der Kirche.
Familie beherrscht Wirtschaft: Durch das Erbrecht sammelten sich in manchen Ländern Lateinamerikas riesige Besitztümer in den Familien

der Erstgeborenen an, die dann als Großgrundbesitzer die Wirtschaft des Landes kontrollierten.

Familie beherrscht Staat: In der Menschheitsgeschichte beherrschten oft Familien, meist Adelsfamilien, den Staat. Saudi-Arabien ist ein modernes Beispiel dafür.

Kirche/Religion beherrscht Staat: Der Papst erhob lange Zeit den Anspruch, den Kaiser einzusetzen („Investiturstreit") und bei allen wichtigen politischen Entscheidungen ein Wörtchen mitzureden. Der Iran ist ein modernes Beispiel für die Abhängigkeit des Staates von religiösen Führern („Mullah-Regime").

Kirche beherrscht Familie: Im Laufe der Kirchengeschichte ist es gelegentlich vorgekommen, dass die Kirche die Freiheit der Kindererziehung durch vielerlei Gebote einengte oder kontrollierte.

Staat beherrscht Familie: In kommunistischen (oder auch faschistischen) Staaten wurden zeitweilig Familien gezwungen, sich bestimmten Erziehungsmethoden und -zielen zu fügen. Auch der Bildungssozialismus wäre hier zu nennen.

Staat beherrscht Kirche: Im oströmischen Reich (Byzanz) galt zeitweise der „Cäsaropapismus", d.h. ein staatskirchenrechtliches System, in dem der weltliche Herrscher Oberhaupt der Kirche ist. Dass ein Minister „oberster Dienstherr der Kirche" ist, galt in einer völlig anderen Zeit auch für den preußischen Staat bis 1919 (bzw. 1945). In manchen europäischen Monarchien (z.B. England und Niederlande) ist die Königin noch heute formal „Oberhaupt".

Staat beherrscht Wirtschaft: Sozialismus und Kommunismus liefern dafür viele Beispiele. Aber auch eine überzogene Bürokratie heutiger Demokratien raubt der Wirtschaft zum eigenen Schaden viele Freiheiten.[118]

Wirtschaft beherrscht Kirche: In der europäischen Geschichte bestimmten oft finanzielle Transfers über die Wahl der Bischöfe und kirchlicher Würdenträger. Man bedenke etwa den Einfluss der Ban-

---

[118] So bes. Werner Lachmann, „Interdependenzen von marktwirtschaftlichen und demokratischen Systemen", S. 37-50, in: Reinhard Haupt/Werner Lachmann (Hg.), Selbstorganisation in Markt und Management, Neuhausen 1995, hier S. 44-48, sowie das historische Beispiel Gerd Habermann, „Der Untergang Roms. Ein ordnungspolitisches Lehrstück", Ludwig-Erhard-Stiftung 40 (Juni 1989), 53-57. Vgl. außerdem Elisabeth Noelle-Neumann, „Ein freiheitliches Wirtschaftssystem macht die Gesellschaft glücklicher", Frankfurter Allgemeine Zeitung vom 3.11.1999 (Nr. 256), S. W1-W2; Werner Lachmann/Reinhard Haupt/Karl Framer (Hg.), Erneuerung der Sozialen Marktwirtschaft. Chancen und Risiken, Münster 1996; Walter Künneth, Moderne Wirtschaft - Christliche Existenz, München 1959.

kiersfamilie der Fugger auf die Besetzung kirchlicher Ämter. Die Reformation war z.T. eine Reaktion darauf. Auch heute können zuweilen Großspender einen bedeutenden Einfluss auf Kirchen haben.

Wirtschaft beherrscht Staat: In den USA ist z.B. der Wahlkampf um die Präsidentschaft so teuer und „privat" zu finanzieren, dass er ohne Großspenden aus der Wirtschaft nicht zu führen ist. In der Schweiz „bestimmen" die Banken wesentlich die Politik (siehe Konkurs der Swissair), ja viele Abgeordnete des Bundesparlamentes sitzen im Aufsichtsrat der Banken.

Wirtschaft bestimmt Familie: Besonders im 19. Jahrhundert bestimmte die Wirtschaft das Leben besonders der Arbeiterfamilien derart, dass von einem Familienleben im heutigen Sinne kaum mehr gesprochen werden kann („Manchester-Kapitalismus").

3. Situativ entscheiden

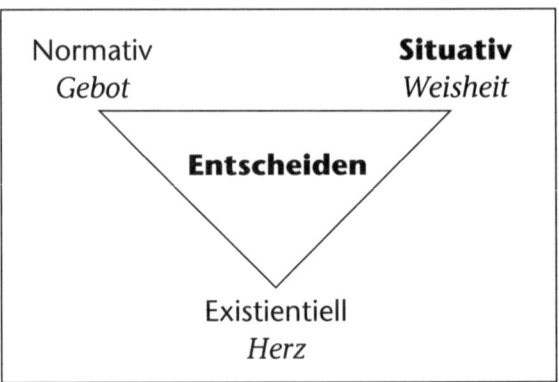

3.1 Situativ führen heisst abwägen

Von der normativen zur situativen Ethik

Wir haben bereits gesehen, dass die normative Seite der Ethik und der Entscheidungen förmlich zur situativen Seite drängt, denn normative Ethik ist Prinzipienethik und setzt nur einen Rahmen für das Leben. Dies kommt gerade auch in biblischen Geboten zum Ausdruck, die nicht unabhängig von einer konkreten Person oder Situation gedacht werden können.

Timotheus wird aufgefordert (1Tim 5,1-2), einen älteren Mann in der Seelsorge wie einen Vater zu ermahnen; einen jungen Mann wie einen Bruder; eine ältere Frau wie eine Mutter und eine jüngere Frau wie eine Schwester. Dieses Gebot kann man auf heute nur übertragen, wenn man konkret weiß, wen man vor sich hat, wie man in unserer Kultur mit Vätern und Brüdern umgeht usw.

Beispiel aus dem kirchlichen Bereich

Wenn jeder Mensch und jeder Christ seine Gaben und Fähigkeiten so einsetzen soll, wie Gott ihn geschaffen hat (z.B. Röm 12,3-8; 1Petr 4,7-8), dann reicht es nicht, allein das Gebot zu kennen. Vielmehr muss zum Gebot eine gute Kenntnis des einzelnen Menschen kommen, um das Gebot aus 1. Petrus 4,7 („Ein jeder diene mit der Gabe, die er empfangen hat!") sinnvoll umsetzen zu können. Gott fordert niemanden auf, in großem Stil zu evangelisieren, wenn er nicht die Gabe eines Evangelisten empfangen hat. Wie oft wurde – völlig unnötig – ein schlechtes Gewissen bei vielen erzeugt, dass man eine besondere Gabe oder einen bestimmten Dienst zum Maßstab für alle Gemeindeglieder erhob.

Die Bibel sieht sich zwar selbst als Urquelle der Ethik, fordert aber gleichzeitig dazu auf, sich aus konkreten Situationen ergebende Erfahrungswerte mit einzubeziehen. Die Weisheitsliteratur der Bibel bietet dafür viele gute Beispiele. Doch bevor wir uns damit beschäftigen, wollen wir zunächst auf den Normenkonflikt eingehen. Denn wenn in einer konkreten Situation mehrere Werte und Gebote miteinander in Konflikt geraten, wird deutlich, dass die besten Werte ohne konkrete Anwendung nicht zum Tragen kommen.

Der ethische Konflikt

Dass die Werte, welche die Gebote Gottes schützen, eine Rangordnung haben und dementsprechend das Übertreten der Gebote ein unterschiedliches Gewicht bekommt, wird dann deutlich, wenn zwei Gebote miteinander in Konflikt geraten. Die katholische Theologie spricht hier von einer „Pflichtenkollision"[119].

Wie ist das einer säkularen Umwelt zu vermitteln?
Am „grünen Tisch" kann man jedes Gebot und jeden Wert losgelöst von der Wirklichkeit diskutieren und zu schnellen Lösungen kommen. In der Wirklichkeit stürmen jedoch unzählige Fragen gleichzeitig auf uns ein, und wir stehen auch vor allen Werten gleichzeitig. Oft ist die Frage nicht, welchen Werten wir folgen wollen, sondern in welcher Reihenfolge wir ihnen gerecht werden. Fragen der Priorität setzen eine Rangordnung der Werte voraus, die nicht einfach beantwortet, was an sich gut ist und was nicht, sondern uns mit der Frage herausfordert, was Vorrang hat.

---

[119] Siehe z.B. Karl Hörmann, Lexikon der christlichen Moral, Innsbruck 1976², Sp. 1281-1284 („Pflichtenkollision").

Zum Beispiel   Das berühmteste Beispiel in der Bibel ist sicher die Aussage des Petrus gegenüber der jüdischen Obrigkeit, die ihm und den Aposteln die Verkündigung des Evangeliums verbieten wollte: „Man muss Gott mehr gehorchen als den Menschen" (Apg 5,29). Bereits vorher hatte der Apostel die Verhörenden gefragt: „Urteilt selbst, ob es vor Gott recht ist, dass wir euch mehr gehorchen als Gott" (Apg 4,19). Hier stand das göttliche Gebot, das Evangelium zu verkündigen, über dem göttlichen Gebot, der Obrigkeit zu gehorchen. Ähnlich hatten sich die drei Freunde Daniels verhalten, als sie dem Befehl Nebukadnezars, ein Standbild religiös zu verehren, sich nicht beugten (Dan 3). Daniel änderte – gegen den Befehl des Darius – nichts an seiner Gebetspraxis, was ihn schließlich in die Löwengrube brachte (Dan 6). Das Verbot des Götzendienstes wog für Daniel schwerer als die Gehorsamspflicht gegenüber dem Staat. Bei diesen Beispielen geht es nicht um eine grundsätzliche Ablehnung der Autorität des Staates. Petrus und die übrigen Apostel hielten sich sonst an die staatlichen Anweisungen. Der Konflikt entstand erst dadurch, dass dieser Staat etwas verlangte, was einem höheren Gebot zuwiderlief.

Ein heutiges Beispiel: Wenn der Staat von mir Steuern verlangt, zahle ich, wenn er aber verlangen sollte, dass ich mich an einer Abtreibung beteilige, widersetze ich mich.

An diesem Beispiel wird übrigens deutlich, dass Pflichtenkollisionen sehr leicht zwischen den vier grundlegenden Ordnungen Familie, Kirche, Wirtschaft und Staat auftreten können. Sei es, weil wir uns entscheiden müssen, welchem Bereich wir momentan Vorrang einräumen, sei es, weil (wie in unserem Beispiel) ein Bereich zu weit in die Autorität des anderen eingreift und dessen Werte gefährdet (hier die Grundaufgabe der Kirche, das Evangelium zu verkündigen).

Das Beispiel der Lüge zur Lebensrettung

Ein häufiger Konflikt betrifft die beiden Gebote, nicht zu töten und nicht zu lügen, also das 5. und das 6. Gebot. Da das Gebot, Leben zu schützen, höher steht als das Gebot, nicht zu lügen, darf im Konfliktfall eine Lüge Leben retten[120]. Dies ist vor allem am Beispiel der Hure

---

[120] Ausgezeichnete Darstellungen dazu bei Helmut Thielicke, Theologische Ethik, 2. Bd, 1. Teil: Mensch und Welt, Tübingen 1959², S. 122–127; Robert L. Dabney, Systematic Theology, Edinburgh 1985 (ND von 1875²), S. 424–426; Jim West, „Rahab's Justifiable Lie", S. 66–74, in: Gary North (Hg.), The Theology of Christian Resistance, Tyler (TX) 1983 (vgl. auch den ganzen Band); Rousas J. Rushdoony, Institutes of Biblical Law, Phillipsburg (NJ) 1973, S. 542–549; Rousas J. Rushdoony, Intellectual Schizophrenia, Culture, Crisis and Education, Philadelphia (PA) 1961, S. 79–80.

Rahab immer wieder gezeigt worden, obwohl es viele Beispiele im Alten Testament gibt.[121] Die Lüge zur Lebensrettung wurde zu einem der am häufigsten diskutierten ethischen Probleme der Kirchengeschichte.[122] Als Luther die Lüge zur Lebensrettung mit Berufung auf die Bibel vertrat[123] (eine Sicht, die die lutherische Theologie später verwarf), erntete er scharfe Kritik der katholischen Kirche. Diese kennt zwar grundsätzlich die Entscheidung zugunsten eines höheren Gebotes, lässt sie aber im Falle der Lüge nicht gelten.

Lügen zur Lebensrettung

2. Mose 1,15-21: Gott „segnet" die Hebammen (Vers 20), weil sie dem Befehl des Pharao, alle hebräischen Säuglinge zu töten, nicht gehorchen und den Pharao mit einer Lüge beschwichtigen wollen.

2. Mose 2,3-9 (besonders die Verse 8-9): Jochebed, die Mutter des Mose, sowie ihre Tochter und Moses Schwester Mirjam verheimlichen ihre Verwandtschaft mit Mose, als der in einem Schilfkörbchen auf dem Wasser treibende Säugling von der Tochter des Pharaos gefunden und Jochebed zur Amme ihres eigenen Sohnes gemacht wird.

Josua 2,1-22: Die Hure Rahab belügt den König von Jericho, dass die Kundschafter Israels schon fort sind, um ihnen und sich das Leben zu retten. Sie tut dies, weil sie an den Gott Israels glaubt. In Hebräer 11,31 wird sie als Glaubensheldin erwähnt. In Jakobus 2,25 heißt es bestätigend: „Ist aber die Hure Rahab nicht ebenso aus Werken gerechtfertigt worden, weil sie die Boten aufnahm und auf einem anderen Weg hinausließ?"

Psalm 34: Ein Psalm „von David, als er sich vor Abimelech wahnsinnig stellte und dieser ihn darauf wegtrieb und er fortging" (vgl. 1Sam 21,10-16). (David stellt sich wahnsinnig, damit ihn sein Feind Abimelech nicht tötet.)

1. Samuel 16,2: Samuel bringt auf Befehl Gottes ein Opfer zur Tarnung dar, damit Saul ihn nicht umbringt (vgl. den Kommentar dazu im Text).

---

[121] Vgl. Axel Denecke, Wahrhaftigkeit. Eine evangelische Kasuistik, Göttingen 1971, S. 246-249.

[122] Die klassische Darstellung aus katholischer Sicht zur Geschichte dieser Streitfrage: Gregor Müller, Die Wahrhaftigkeitspflicht und die Problematik der Lüge, Freiburg 1962, der ungezählte Theologen referiert, darunter auch viele, deren Position ich teile, z. B. S. 212.274-275.325 (Nr. 1-2.4-5) 326-327 (Nr. 9-10.12) 330-331 (Nr. 1) 332-334 (Nr. 3.7-9.15) 327 (Nr.12) 344 (Nr.9). Axel Denecke, Wahrhaftigkeit, aaO., S. 166-186, bietet eine Geschichte der Ablehnung der Notlüge, besonders bei Augustinus und Thomas von Aquin, zeigt aber auch, dass die meisten Vertreter in der Praxis viel weniger konsequent waren als in der Theorie.

[123] A. Denecke, Wahrhaftigkeit, aaO., S. 251-253; William Walker Rockwell, Die Doppelehe des Landgrafen Philipp von Hessen, Marburg 1904, S. 178-180.

1. Samuel 19,9-17: Davids Frau Michal rettet Davids und ihr eigenes Leben vor Saul durch eine Lüge.
2. Samuel 17,18-21: Eine Frau rettet durch eine Lüge Davids Kundschaftern das Leben vor Absalom.

Die mittelalterlichen Rechtssprichwörter „Not kennt kein Gebot", „Not und Tod haben kein Gebot" und „Not sucht Brot, wo sich's findet"[124] fassen grundsätzlich zusammen, dass viele Gebote übertreten werden dürfen, wenn es um eine Notlage und insbesondere um Abwendung von Lebensgefahr geht.

Das Beispiel des Sabbatgebots

Ein weiteres Beispiel für einen Konflikt göttlicher Gebote sind das Arbeitsverbot am Sabbat und viele andere Gebote, die auch am Sabbat gültig, aber mit Arbeit verbunden sind. Jesus heilte am Sabbat[125] und fragte: „Ist es erlaubt, am Sabbat Gutes zu tun oder Böses zu tun, das Leben zu retten oder zu töten? Sie aber schwiegen" (Mk 3,4), denn die Schriftgelehrten wussten genau, dass dies im Alten Testament nicht verboten war. In Matthäus 12,11-12 fragt Jesus ähnlich: „Welcher Mensch ist wohl unter euch, der ein Schaf hat und es nicht ergreift und herauszieht, wenn es am Sabbat in eine Grube fällt? Wie viel vorzüglicher ist nun ein Mensch als ein Schaf! Also ist es erlaubt, am Sabbat Gutes zu tun" (vgl. Lk 14,5). Das Retten von Tieren am Sabbat war natürlich auch in alttestamentlicher Zeit gestattet. In Lukas 13,15 verweist Jesus für die Heilung auf das übliche und erlaubte Tränken von Ochsen und Eseln am Sabbat.

In Markus 2,23-28 (= Mt 12,1-7; Lk 6,1-5) begründet Jesus das Ährenausraufen seiner Jünger am Sabbat mit dem Hinweis auf David, der als Verhungernder die Schaubrote im Tempel essen durfte (1Sam 21,4-7). In Johannes 7,23 sagt Jesus: „Wenn ein Mensch die Beschneidung am Sabbat empfängt, damit das Gesetz Moses nicht gebrochen wird, warum zürnt ihr mir dann, weil ich den ganzen Menschen am Sabbat gesund gemacht habe?" Das Gebot zu überleben und das Be-

---

[124] Rechtssprichwörter und sprichwörtliche Redensarten mit rechtlichem Inhalt. Mittelalterliches Kriminalmuseum; Rothenburg ob der Tauber 1992, S. 78.

[125] Er heilte: einen Mann mit einer verdorrten Hand: Mt 12,8-14 = Mk 3,1-6 = Lk 6,6-11; eine kranke Frau: Lk 13,10-17; einen Wassersüchtigen: Lk 14,1-6; einen Mann am Teich Bethesda: Joh 5,1-18; vgl. auch Joh 7,21-24.

schneidungsgebot waren wichtiger als das Sabbatgebot. In Matthäus 12,5 fragt Jesus: „Oder habt ihr nicht in dem Gesetz gelesen, daß am Sabbat die Priester in dem Tempel den Sabbat entheiligen und [doch] schuldlos sind?" Jesus nennt in all diesen Texten Beispiele für biblische Gebote (Priesterdienst, Beschneidung, Leben retten, Tiere tränken usw.), die höher standen als das Sabbatgebot. Dies wird in Matthäus 12,5 besonders deutlich, denn Jesus sagt ausdrücklich, dass die Priester zwar „entheiligen", aber dennoch „schuldlos" dabei waren.

Im Alten Testament finden sich weitere Ausnahmen vom Sabbatgebot, die zeigen, wie es richtig zu verstehen war und wie viele Gebote Gottes höher als das Sabbatgebot standen. So wurde Jericho am Sabbat eingenommen (Jos 6,3-15), am Sabbat also Krieg geführt. Auch die königliche Leibwache war mit Einverständnis des Hohenpriesters am Sabbat aktiv (2Kön 11,5-9), ja wechselte ausgerechnet am Sabbat.

Selbstverständlich wurden in alttestamentlicher Zeit am Sabbat Opfer dargebracht (auch die gewöhnlichen: 4Mo 28,10), und es gab viele Festtage mit zahlreichen und arbeitsintensiven Opfern; auch einmalige Feste wie die Einweihung des salomonischen Tempels (1Kön 8,64-65; 2Chr 7,7-9) fielen auf einen Sabbat. Das Schaubrot wurde gerade am Sabbat ersetzt (3Mo 24,8; 1Chr 9,32), und am Sabbat wechselten die dienstbereiten Abteilungen der Priester und Leviten (2Chr 23,4.8), für die der Sabbat überhaupt der arbeitsreichste Tag der Woche war.

Jesus hat sich also nicht gegen das Sabbatgebot gestellt, sondern aus der Abwägung der Pflichten, aus vernünftigen Schlüssen bei ähnlich gelagerten alttestamentlichen Beispielen und unter Berufung auf den gesunden Menschenverstand dem Sabbatgebot seinen richtigen Stellenwert zurückgegeben.

Zur Rechtfertigung der Entscheidung zugunsten des höheren Gebotes

Die reformierte Theologie[126] rechnet damit, dass es in jeder Entscheidungssituation, bei der Gottes Gebote miteinander kollidieren, eine richtige Entscheidung geben kann, weil jeder eben dem höheren Gebot verpflichtet ist. Dieses höhere Gebot stellt jeweils eine Ausnahme

---

[126] Vgl. z.B. John M. Frame, The Doctrine of the Knowledge of God. A Theology of Lordship, Phillipsburg (NJ) 1987, S. 137-139: „Hierarchies of Norms".

gegenüber dem niedrigeren Gebot dar.[127] Das scheint mir aufgrund der erwähnten Beispiele als auch der Tatsache angemessen zu sein, dass die biblischen Aufforderungen davon ausgehen, dass man in jeder Situation das Richtige und Gute tun kann. Mir ist kein Fall in der Bibel bekannt, bei dem jemand in der Entscheidungssituation stand und auf jeden Fall sündigen musste, also nur entscheiden konnte, welches die weniger schwer wiegende Sünde ist. In den genannten Beispielen der „Lüge zur Lebensrettung" lag m. E. keine Schuld vor, sonst könnten uns diese Personen und Beispiele nicht als Glaubensvorbild hingestellt werden.

Die lutherische Theologie rechnet hingegen damit, dass der Mensch in einem solchen Konflikt immer schuldig wird, hält aber ebenfalls das wichtigere Gebot für maßgeblich. Sie spricht deswegen vom „kleineren Übel". So hält etwa Walter Künneth Tyrannenmord in Extremsituationen für berechtigt, glaubt aber, dass der Handelnde Vergebung der Schuld dafür braucht.[128] Hans-Josef Wilting hat zu Recht betont, dass diese lutherische Sicht damit zusammenhängt, dass der Mensch (und auch der Christ) als Sünder sowieso nie wirklich richtig handeln kann.[129] Diese lutherische Sicht stimmt nicht mit Luther selbst überein. Luther betrachtete etwa eine „Notlüge" in Lebensgefahr oder schweren Notlagen nicht als Sünde, womit er gegen die katholische Sicht seiner Zeit stand.[130]

Georg Huntemann sieht, wie die lutherische Theologie in solchen Fällen einem echten Konflikt[131] gegenübersteht, der „niemals lösbar"[132] ist. „Jeder echte Konflikt hat seine Ursache in der Zwiespältigkeit der

---

[27] Auch nichtreformierte Theologen vertreten diese Sicht, etwa Norman L. Geisler, „Graded Absolutism", S. 131–137, in: David K. Clark/Robert V. Rakestraw, Readings in Christian Ethics, Vol. 1: Theory and Method, Grand Rapids 1994; Norman L. Geisler, Christian Ethics, Grand Rapids 1989. S. 116–122 u. ö.

[128] Walter Künneth, Der Christ als Staatsbürger, Wuppertal 1984, S. 96. Die ausführlichste Darstellung dieser Position findet sich in: Helmut Thielicke, Theologische Ethik, Bd. 2: Entfaltung, Teil 1: Mensch und Welt, Tübingen 1959², S. 56–327.

[129] Vgl. Martin Honecker, Einführung in die Theologische Ethik, Berlin 1990, S. 238, und Hans-Josef Wilting, Der Kompromiß als theologisches und als ethisches Problem, Düsseldorf: 1975, S. 11–46 über den Lutheraner Helmut Thielicke und S. 47–64 über den Lutheraner Wolfgang Trillhaas. Wilting bespricht in seiner Untersuchung erstaunlicherweise nur neuere lutherische Theologen, weswegen andere Auffassungen zur Pflichtenkollision gar nicht in den Blick kommen.

[130] Siehe A. Denecke, Wahrhaftigkeit, aaO., S. 251–253; William Walker Rockwell, Die Doppelehe des Landgrafen Philipp von Hessen, aaO., S. 178–180.

[131] Georg Huntemann, Der verlorene Maßstab. Gottes Gebot im Chaos dieser Zeit, Bad Liebenzell 1983, S. 110–126.

[132] Ebd., S. 112.

Welt."[133] Der Christ soll an einem solchen Konflikt jedoch nicht zerbrechen, sondern ihn „überwinden"[134]. Ein Konflikt kann für ihn jedoch „nicht ohne Schuld und damit auch nicht ohne Vergebung überwunden werden"[135]. Im Anschluss an Dietrich Bonhoeffer nennt er dies „Schuldübernahme", eine verantwortliche und bewusste Übernahme von Schuld.

All diese Sichtweisen, die davon ausgehen, dass der Mensch im Falle einer Pflichtenkollision immer und grundsätzlich schuldig wird oder aber auf ein besonderes, situationsbezogenes Gebot Gottes warten müsse, ergeben sich m. E. nicht aus den genannten Beispielen der Bibel selbst. Sie sind vielmehr Fortentwicklungen der jeweiligen theologischen Systeme, die keine andere Wahl zulassen, wenn kein innerer Widerspruch entstehen soll. Es gibt aus meiner Sicht keinen Beleg dafür, dass ein Christ in eine Situation kommen kann, in der er nicht mehr den Willen Gottes und das Gute tun kann, sondern so oder so sündigen muss. Mir ist kein Versuch bekannt, die Sicht, dass ein ethischer Konflikt Sünde unausweichlich macht, mit den konkreten biblischen Erzählungen in Einklang zu bringen, in denen aufgrund eines Gebotes ein anderes nicht ausgeführt wurde. War es wirklich Sünde – wenn auch die kleinere – als Petrus der Obrigkeit den sonst von Gott geforderten Gehorsam verweigerte, weil er Gott mehr gehorchen wollte als Menschen und weil für ihn der Missionsauftrag über dem Gehorsam gegenüber der Obrigkeit stand?

Die Rede vom „kleineren Übel" sollte deswegen ganz aufgegeben werden.[136] Der Ungehorsam des Petrus gegenüber dem Staat oder die Arbeit der Priester am Sabbat war kein „kleineres" Übel, sondern überhaupt kein Übel. Hiermit sollen keine neuen konfessionellen Streitigkeiten ausgelöst werden. Auch wenn ich die reformierte Sicht für stringenter halte, erfolgt auch aus lutherischer und katholischer Sicht die Lösung der Pflichtenkollision letztlich zugunsten des höheren Wertes.

---

[133] Ebd., S. 111.

[134] Ebd., S. 112.

[135] Ebd., S. 116; wörtlich genauso in Georg Huntemann, Biblisches Ethos im Zeitalter der Moralrevolution, Neuhausen 1996, S. 169.

[136] So auch Karl Hörmann, Lexikon der christlichen Moral, Innsbruck 1976², Sp. 892-894 („Kleineres Übel").

Beispiel aus dem kirchlichen Bereich

Viele Gemeinden stehen vor der Frage: Was ist die angemessene Gottesdienstform, um jungen Leuten wie auch älteren Menschen gleichermaßen zu dienen? Da ist Augenmaß und Kompromissbereitschaft gefragt. Der wichtigste Wert aber ist, dass wir Gott von ganzem Herzen dienen, nicht nur äußerlich. Entscheidend ist auch, dass wir nicht anderen Göttern oder gar uns selbst dienen. Ferner sollte das Evangelium so verkündigt werden, dass Menschen es verstehen und vor ihnen nicht unnötige kulturelle Barrieren aufgebaut werden (1Kor 9,19-22). Bestimmte unaufgebbare Elemente des Gottesdienstes sind allerdings „tabu" und haben bei jeder Pflichtenkollision Vorrang. So können wir z.B. das Abendmahl nicht etwa deswegen abschaffen, weil es für unsere Zeitgenossen schwer verständlich ist. In vielen anderen Fragen aber können wir uns völlig den Menschen anpassen, wenn eine solche Anpassung kein Gebot Gottes nivelliert. Das tun wir fast „automatisch", wenn wir die Sprache unserer Zuhörer verwenden, nicht die „Sprache Kanaans". Und dann gibt es noch einen weiten Bereich, bei dem wir einen grundsätzlichen Wert (z.B. Musik zur Ehre Gottes) dem Gebot, auf unsere Hörer einzugehen (1Kor 9,19-22), anpassen müssen. Das heißt, wir müssen einen Musikstil finden, der (allen!) Besuchern und Gemeindegliedern gerecht wird, oder wir müssen den Musikstil wechseln und der jeweiligen Hörerschaft anpassen.

Beispiel aus dem staatlichen Bereich

Die Frage nach der Forschung an embryonalen Stammzellen ist ein gutes Beispiel für eine Pflichtenkollision. Auf der einen Seite steht die (unantastbare) Würde des Menschen, konkret: des Embryos. Auf der anderen Seite stehen folgende, ebenfalls grundsätzlich wichtigen Werte: 1. die Forschungsfreiheit, 2. die Möglichkeit, bisher unheilbare Krankheiten eines Tages (möglicherweise) heilen zu können und 3. die Möglichkeit, Geld zu verdienen. Diese drei Werte sind grundsätzlich zu fördern. In einer Pflichtenkollision mit der (unantastbaren) Menschenwürde des Embryos müssen diese an sich wichtigen Werte aber zurücktreten, selbst wenn damit die Forschungsfreiheit eingeschränkt wird, unheilbare Krankheiten dadurch möglicherweise weiterhin unheilbar bleiben und damit auch kein Geld verdient werden kann.

Beispiel aus dem wirtschaftlichen Bereich

Es gehört zum kleinen Einmaleins der Wirtschaftstheorie, dass der Staat die großen Ziele jeder guten Wirtschaftspolitik nicht alle gleichzeitig erreichen kann. Hohes Wirtschaftswachstum, geringe Inflation, niedrige Arbeitslosenquote, geringes Auseinanderklaffen von Arm und Reich sind alles an sich gute Ziele und von sinnvollen Werten abgedeckt. Und „als Wunschkatalog" ist auch jedes dieser Ziele anzustreben. Doch in der Wirklichkeit ist der Wirtschaftsfachmann und auch der Politiker kein Prophet und zudem mit dem Problem konfrontiert, dass eine massive Ausrichtung auf nur ein Ziel die anderen Ziele in Gefahr bringen kann. Nur ein möglichst weitgehender Ausgleich aller Ziele und eine ständige Überprüfung, ob eines der Ziele zurückbleibt, ermöglicht eine Wirtschaftspolitik zum Nutzen aller. Außerdem weiß niemand ganz genau, wie sich diese Größen gegenseitig beeinflussen und welche unvorhersehbaren Faktoren sie beeinflussen. Deswegen kann jede noch so gute wirtschaftspolitische Entscheidung jeweils nur versuchen, alle Faktoren im Auge zu behalten. Sie muss damit leben, dass nach geraumer Zeit zum Ausgleich wieder andere Elemente ins Spiel gebracht werden müssen.

Die christliche Ethik hat in dem absoluten Verbot der Abtreibung immer dann eine Ausnahme gesehen, wenn das Leben der Mutter auf dem Spiel steht. Da nur ein gleich hoch oder höher zu veranschlagender Wert eine Ausnahme von einem Gebot gestatten kann, kann dem Gebot, das Leben des Ungeborenen zu schützen, nur eine

Beispiel aus dem familiären Bereich

andere Bedrohung des Lebens entgegenstehen (konkret: die Bedrohung des Lebens der Mutter). Die finanzielle Situation der Mutter oder gesundheitliche Probleme dürfen (als niedriger einzustufender Wert) nicht ausschlaggebend sein. Schwierig ist die Entscheidung, wenn das Leben des ungeborenen Kindes *oder* das Leben der Mutter auf dem Spiel stehen, da hier zwei gleiche Werte einander gegenüberstehen. (Nur in seltensten Fällen wird der Arzt allerdings eine so eindeutige Prognose stellen können). Eine offensichtliche Ausnahme zum Abtreibungsverbot liegt jedoch vor, wenn entweder Mutter *und* Kind oder nur das Kind sterben müssen[137]. Dies ist in der Regel etwa bei der Eileiterschwangerschaft der Fall. Gegen eine Beendigung einer Eileiterschwangerschaft und ähnlicher Fälle hat die christliche Ethik deswegen selten etwas eingewandt. Da aber allzu oft vergessen wird, eine genaue ethische Begründung dafür zu geben, werden solche Entscheidungen meist als inkonsequent empfunden.

Ein Unternehmen steckt in einer Auftragsflaute. Welche Werte stehen jetzt zur Debatte? Arbeitsplätze zu erhalten ist ein Wert, die Firma zu erhalten ein anderer, ja die Voraussetzung dafür, dass Arbeitsplätze überhaupt erhalten bleiben. Außerdem sind unter den Arbeitnehmern

Beispiel aus dem wirtschaftlichen Bereich

---

[137] So auch Karl Barth, Die Kirchliche Dogmatik III, 4. Teil, aaO., S. 479-481, sowie John Jefferson Davis, Abortion and the Christian, aaO., S. 71, und die von ihm genannten zahlreichen evangelikalen Autoren.

solche, die sich mit großer Loyalität weit über das Notwendige hinaus für die Firma eingesetzt haben. Es ist eine schwierige Güterabwägung, ob und wen man entlässt, um die Firma zu erhalten und wenigstens einigen die Arbeitsplätze zu sichern. Niemand freut sich über eine solche Entscheidung; wenn sich ein Weg auftut, das Problem z.B. durch zusätzliche Aufträge zu umgehen, haben alle Grund zur Freude. Solange dies nicht der Fall ist, bleibt eine gründliche Güterabwägung Voraussetzung dafür, den Gesamtschaden zu begrenzen und möglichst vielen Lohn und Brot zu erhalten.

Wie ist das einer säkularen Umwelt zu vermitteln?
Wer keinen Wertekanon hat, hat auch nichts zum Abwägen. Aber auch, wer sich für Werte einsetzt, benötigt eine Wertehierarchie und ein Bewusstsein dafür, wie im Konfliktfall zu entscheiden ist. Bestimmte Werte sind normalerweise unantastbar, bestimmte Handlungen zur Güterabwägung deshalb tabu. Doch andere Werte unterhalb dieser „unantastbaren" Schwelle lassen sich durch einen Ausgleich berücksichtigen. Aus diesem Grunde ist die Güterabwägung keine Verwässerung von Werten und Zielen, sondern notwendige Voraussetzung für eine gute Entscheidung, die möglichst vielen dient.

Entscheiden ohne Prophetie

Güterabwägung ist unter anderem deswegen notwendig, weil wir keine Propheten sind. Wir wissen nicht, was morgen sein wird und welche unvorhergesehenen Faktoren unsere Rechnung zunichte machen. Wir können nur berücksichtigen, was unserem augenblicklichen Wissen und vielleicht Ahnen zugänglich ist. Hinterher sind alle immer schlauer. Leider müssen unsere Entscheidungen gefällt werden, bevor wir schlauer sind. Vielleicht können wir für die nächste ähnliche Situation lernen, nicht aber für die Vergangenheit.

Manchmal wünschte man sich, es gäbe im Leben eine „Zurück-Taste" wie beim Computer. Ich wähle z.B. eine Schriftart, schaue mir das Ergebnis an; wenn es mir nicht gefällt, kehre ich zum Ausgangspunkt zurück. Dasselbe wiederhole ich so lange, bis mir das Ergebnis gefällt. So müssten wir auch unsere Entscheidungen durchspielen und bei Nichtgefallen die Zeit wieder zurückdrehen können. Doch Gott hat uns und diese Welt so geschaffen, dass wir uns aufgrund verfügbarer Werte und verfügbaren Wissens entscheiden müssen. Dabei sollen wir uns sehr wohl Gedanken darüber machen, welche Konsequenzen unsere Entscheidungen haben. In manchen Bereichen können wir sogar die Zukunft im Geist durchspielen oder eine Computersimulation versuchen. Doch die tatsächliche Entscheidung fällen wir schlussendlich in Verantwortung vor Gott und unserem Gewissen, ohne die genauen Ergebnisse zu kennen und ohne diese je rückgängig machen zu können.

Gerade als Christen können wir auch zu Fehlentscheidungen stehen und – wenn sie mit Sünde und Schuld verbunden sind – diese bekennen und vergeben lassen. Niemandem sollte das leichter fallen als einem Christen. Denn er weiß, dass im Zentrum seines Glaubens die Gewissheit steht, dass Jesus längst für seine Fehler und Schuld aufgekommen ist, indem er dafür starb. Ein Christ weiß, dass niemand unfehlbar ist und dass das Eingestehen von Fehlern nie das Ende sein muss, sondern die Chance zu einem Neuanfang bedeutet.

Im säkularen Bereich

Keine Ethik kommt ohne eine Güterabwägung aus, also ohne die Sicht, dass die einzelnen Werte einen unterschiedlichen Rang haben und im Falle einer Pflichtenkollision der höhere Wert Vorrang hat. Denn: „Die Theorie der Güterabwägung bildet das Kernstück einer jeden Ethik."[138]

Das Strafrecht kommt a) ohne eine Rangordnung der Gesetze und b) ohne Klärung, wie man sich im Konfliktfall zu verhalten hat, nicht aus. Wer in Notwehr oder Nothilfe handelt, „handelt nicht rechtswidrig" und „handelt ohne Schuld"[139], sagt das Deutsche Strafgesetzbuch zu Recht, denn der Schutz des Lebens gestattet in einer Notsituation Verhaltensweisen, die sonst verboten sind. So darf man in einem brennenden Haus ohne weiteres Scheiben einschlagen, um Menschen zu retten, was sonst als Einbruch und Zerstörung fremden Eigentums gelten würde. Herbert Tröndle schreibt in seinem Strafgesetzbuchkommentar: „Pflichtenkollision ist gegeben, wenn den Handelnden mehrere sich ausschließende rechtliche Pflichten treffen und er die nach seiner konkreten Lage objektiv höherwertige zum Nachteil der geringer-

Beispiel aus dem staatlichen Bereich

---

[138] Rupert Lay, Ethik für Manager, Düsseldorf 1996, S. 85; vgl. dazu S. 121-133; vgl. auch Robert Alexy, „Güter- und Übelabwägung, 1. Rechtlich", S. 181-182, und Stephan Feldhaus, „Güter- und Übelabwägung, 2. Ethisch", S. 182-190, in: Lexikon der Bioethik, Bd. 2, Gütersloh 1998 (mit guten Literaturangaben).

[139] Strafgesetzbuch § 32-34 zitiert nach Strafgesetzbuch ... München 1991²⁵, S. 22 (§ 34 und 35).

wertigen erfüllt."[140] Ein anderer Strafgesetzbuchkommentar definiert ausführlicher, aber ebenso treffend (und dies gilt auch für die christliche Ethik allgemein): „Treffen zwei (oder mehrere) rechtliche Handlungsgebote derart zusammen, daß nur entweder das eine oder das andere erfüllbar ist (echte Pflichtenkollision), so hat der Normadressat[141] bei Verschiedenwertigkeit der Handlungsgebote das Höherwertige, bei Gleichwertigkeit eines von beiden zu erfüllen. Die Nichtbefolgung des anderen ist dann nicht rechtswidrig."[142] „Wenn beim Widerstreit zweier Rechtsgüter ein Ausgleich nicht anders möglich ist als durch Vernichtung oder Schädigung des einen der beiden Rechtsgüter, dann muß das geringerwertige Gut dem höherwertigen Gut weichen, so daß der Eingriff in das geringerwertige also nicht rechtswidrig ist."[143] „Dementsprechend ist das Nichtbefolgen des höheren Gebots rechtswidrig, wenn der Täter stattdessen das geringere erfüllt."[144] (Der Unterschied zwischen einer normalen Pflichtenkollision und einem Notstand oder einer Notwehr liegt im Übrigen darin, dass die Pflichtenkollision nicht voraussetzt, dass ein Rechtsgut akut in Gefahr ist.[145])

Die Pflichtenkollision ist m. E. viel häufiger als oft angenommen wird, sie ist ein „alltägliches Geschäft". Denn jeder Mensch muss tagtäglich abwägen, welchen Pflichten er in welcher Reihenfolge nachkommt.

Schon die Existenz der vier grundlegenden Bundesinstitutionen führt dazu. Wenn ich morgens aufstehe, muss ich mich entscheiden, wie ich meinen Pflichten als Ehemann und Vater, Pastor, Arbeitgeber und Staatsbürger nachkomme. Ich kann sie meist nicht gleichzeitig erfüllen, alle aber sind sie Aufträge Gottes. Also nehme ich pausenlos eine Güterabwägung vor. Unter normalen Umständen haben wir genügend Zeit zur Verfügung, unseren verschiedenen Pflichten nachzukommen, und die Konsequenzen unserer Entscheidung sind normalerweise nicht dramatisch. Erst wenn dramatische Umstände wie die Bedrohung des Lebens hinzukommen, wird uns diese Güterabwägung schmerzlich bewusst.

---

[140] Herbert Tröndle, Strafgesetzbuch und Nebengesetze, München 1997⁴⁸, S. 210 („Vor § 32", Randnr. 11).

[141] Also der Betroffene, der Handelnde.

[142] Hans Joachim Hirsch, „Zweiter Abschnitt: Die Tat: Vor § 32", S. 1–118, in: Hans-Heinrich Jeschek/Wolfgang Ruß/Günther Willms (Hg.), Strafgesetzbuch: Leipziger Kommentar: Großkommentar, Bd. 2: §§ 32 bis 60, Berlin 1985¹⁰, S. 41 (Randnr. 71).

[143] Ebd., S. 120.

[144] Ebd., S. 44 (Randnr. 78).

[145] Ebd., S. 42 (Randnr. 75); vgl. Herbert Tröndle, Strafgesetzbuch und Nebengesetze, aaO., S. 205–236.

Auch Arbeit und Ruhe sind göttliche Aufträge, wobei die grundsätzliche Einteilung sechs Tage der Arbeit und einen Tag der Ruhe vorsieht. Doch es bleibt meiner Güterabwägung überlassen, wann ich für Geld arbeite und wann ohne Bezahlung, wann ich ruhe und wann ich schlafe und in welchem Verhältnis diese Tätigkeiten stehen. Niemand sage, dass diese Güterabwägung immer unmerklich geschieht und immer einfach ist. Große Teile unseres Terminkalenders spiegeln den Versuch wider, vielen Aufgaben gerecht zu werden und ihre Kollision zu vermeiden oder zu lösen.

Beispiel aus dem wirtschaftlichen Bereich

Auch wer beim Einkaufen abwägt, ob er das Geld für dieses oder jenes wichtige Gut ausgibt, und dabei berücksichtigt, welche anderen finanziellen Verpflichtungen er hat, nimmt eine Güterabwägung in einer Pflichtenkollision vor. Wer genug Geld hat, kommt vielleicht seltener in eine Pflichtenkollision als der, dem wenig Geld zur Verfügung steht und der entscheiden muss, auf welche Dinge zu verzichten ist. Die finanzielle Pflichtenkollision wird schnell im Einsatz der familiären Haushaltsmittel offenbar. Was steht wofür zur Verfügung? In welchem Verhältnis stehen meine Ausgaben, um arbeitsfähig zu bleiben, zu den Ausgaben für Ehepartner oder Familie? Wenn ein Sozialhilfeempfänger der ausreichenden Ernährung seiner Kinder gegenüber seiner eigenen den Vorrang gibt, hat er selbstlos eine Pflichtenkollision gelöst. Über kurz oder lang muss er dennoch eine andere Lösung finden, damit er selbst nicht seine Gesundheit einbüßt. Dies wiederum wäre auch für seine Kinder verheerend.

Beispiel aus dem familiären Bereich

Pflichtenkollision und Kompromiss

Von der Pflichtenkollision ist der Kompromiss zu unterscheiden[146], den Wolfgang Trillhaas treffend definiert: „Kompromiß ist eine freie Vereinbarung unter gegenseitigem Verzicht auf bestimmte Interessen, um dadurch ein höheres gemeinsames Gut zu sichern."[147] Bei einem Kompromiss stehen sich nicht zwei Gebote gegenüber, sondern zwei

---

[146] Oft wird der Begriff Kompromiss in verwirrender Weise für alle Arten der Pflichtenkollision, des Abwägens oder der weisheitlichen Überlegung benutzt, so etwa von Hans-Josef Wilting, Der Kompromiss als theologisches und als ethisches Problem, Düsseldorf 1975. Vgl. zur Unterscheidung Martin Honecker, Einführung in die Theologische Ethik, Berlin 1990, S. 234-243 „Kompromiß und Güterabwägung im Normenkonflikt".

[147] Wolfgang Trillhaas, „Kompromiß", Evangelisches Staatslexikon 19661, Sp. 1113-1116, hier Sp. 1114.

unterschiedliche, legitime Interessen, die in Einklang gebracht werden müssen.[148] Unser gesamtes alltägliches Leben wie auch die meisten gesellschaftlichen Fragen bestehen aus solchem Abwägen. Sind beide Interessen an sich moralisch nicht verwerflich, geht es um eine weise Entscheidung, wie beide Seiten so in Einklang zu bringen sind, dass für beide der größtmögliche Nutzen erzielt wird. Ist jedoch eine Position der vertretenen Interessen moralisch verwerflich, ist ein Kompromiss nicht zulässig.

Möglicherweise handelt es sich dann um eine Pflichtenkollision: Wie erreiche ich ein berechtigtes Ziel, wenn andere unmoralische Interessen verfolgen, dies aber aufgrund der Situation nicht umgangen werden kann und sie auch nicht zur Umkehr gebracht werden können? Darauf gehen wir im Abschnitt „Wie auf Sünde reagieren?" kurz ein (siehe Seite 98).

Größere und kleinere Sünden?

In Matthäus 5,17-20 sagt Jesus, dass er das alttestamentliche Gesetz nicht abschaffen, sondern erfüllen will. In diesem Zusammenhang heißt es in Matthäus 5,19: „Wer nun eins dieser geringsten Gebote auflöst und die Menschen so zu handeln lehrt, wird im Reich der Himmel der Geringste heißen. Wer sie aber tut und lehrt, der wird im Reich der Himmel groß genannt werden."[149] Daraus wird ersichtlich, dass es für Jesus wichtigere und geringere Gebote gibt.

Gebote sind größer, wenn sie einen höheren Wert voraussetzen und verteidigen. Die Pharisäer nahmen zwar oft geringere Gebote sehr ernst, ließen aber „die wichtigeren Dinge des Gesetzes" beiseite. In seiner Kritik der Pharisäer warnt Jesus deswegen: „Weh' euch, Schriftgelehrte und Pharisäer, ihr Heuchler! Denn ihr verzehntet die Minze und den Anis und den Kümmel und habt die wichtigeren Dinge des Gesetzes beiseite gelassen: das Gericht und die Barmherzigkeit und den Glauben. Diese hättet ihr tun und jene nicht lassen sollen. Ihr blinden

---

[148] Vgl. die von A. Denecke, Wahrhaftigkeit. Eine evangelische Kasuistik, Göttingen 1971, aufgeführten Beispiele bei Paulus.

[149] Vgl. zu diesem Vers Walter C. Kaiser, „The Weigthier and Lighter Matters of the Law: Moses, Jesus and Paul", S. 176-192, in: Gerald F. Hawthorne, Current Issues in Biblical and Patristic Studies. Studies in Honour of Merill C. Tenney, Grand Rapids (MI) 1975; vgl. auch die Zusammenfassung in Walter C. Kaiser, Towards Old Testament Ethics, Grand Rapids (MI) 1983, S. 46-47 (Kaiser lehnt allerdings die weiter unten von uns vertretene Sicht zum ethischen Konflikt ab, ebd., S. 185, Anm. 32).

Führer, die ihr die Mücke seht, das Kamel aber verschluckt!" (Mt 23,23-24). *Die geringeren Werte soll man durchaus berücksichtigen, aber erst, wenn die höheren Werte gewährleistet sind.*

Der Schweregrad der Sünde und damit der Rang des Wertes, der dabei missachtet wird, ist dabei oft an dem unterschiedlichen Strafmaß erkennbar. Im Alten Testament stand beispielsweise auf Ehebruch die Höchststrafe (3Mo 20,10; 5Mo 22,20-23). Vorehelicher Geschlechtsverkehr wurde hingegen nicht mit dem Tode bestraft, es sei denn, es handelte sich um Inzest, auf den wiederum die Höchststrafe stand (3Mo 20,11-17). Im Falle von vorehelichem Geschlechtsverkehr, also von sexuellen Beziehungen zwischen Partnern, von denen keiner wenigstens „verlobt" (2Mo 22,15) war, galt nicht die Höchststrafe wie bei Ehebruch. Nach 2. Mose 22,15-16 und 5. Mose 22,28-29 musste der beteiligte Mann entweder die Frau heiraten oder aber – falls der Vater nicht zustimmte – eine Geldstrafe bezahlen. Sexueller Verkehr zwischen Verlobten ist zwar abzulehnen, wird aber nicht unter Strafe gestellt; sexueller Verkehr *vor* der Verlobung wird also als bei weitem schlimmer angesehen.

Auch für die öffentliche Ethik ist es nicht nur von Bedeutung, was verboten und damit vom Staat zu bestrafen ist, sondern auch, in welchem Verhältnis die Verbote zueinander stehen und wie hoch das jeweilige Strafmaß sein soll. Die staatliche Rechtsordnung baut darauf auf, dass unterschiedliche Vergehen je nach ihrem Schweregrad auch unterschiedlich schwer bestraft werden. Auch wenn man sehr vorsichtig sein muss, das alttestamentliche Recht unbesehen in unsere Zeit zu übertragen und die Veränderungen der neutestamentlichen Zeit dabei zu übersehen, erhalten wir hier doch wichtige Hinweise für eine gerechte Rechtsordnung. Im Alten Testament ist am Strafmaß zu erkennen, dass Verbrechen gegen Personen (Gott oder Menschen) wesentlich schwerwiegender sind als Verbrechen gegen Dinge. Alle im Alten Testament mit der Höchststrafe belegten Verbrechen richten sich gegen Gott oder das menschliche Leben und Wohlbefinden. Deswegen wird Diebstahl von vornherein weniger scharf bestraft (nie mit dem Tode), wie allgemein im Nahen Osten oder auch bei den Germanen[150] zumindest bei schwerem Diebstahl üblich. „Es ist interessant, daß die Keilschrifttafeln des Alten Orients die Todesstrafe für Verbrechen gegen den Besitz vorschreiben, im Alten Testament dagegen kein Verbrechen gegen den Besitz die Todesstrafe fordert. Wieder einmal ist das Entscheidende, dass das Leben heilig ist, nicht Dinge. Alles, was be-

Beispiel aus dem staatlichen Bereich

---

[150] Nach „Diebstahl", S. 549, in: Hellmut Brunner u. a. (Hg.), Lexikon Alter Kulturen, Bd. 1, Mannheim 1990.

absichtigt, die heilige Qualität des Lebens zu zerstören, ist ein Kapitalverbrechen gegen Gott."[151]

Wie auf Sünde reagieren?

Es gibt viele biblische Gebote, die uns beschreiben, wie Gott sich diese Welt ursprünglich gedacht hat und wie bestimmte Lebensbereiche aussehen, bevor die Sünde sie in Mitleidenschaft zieht. Diese „ideale" Ordnung wird durch Gebote geschützt. Dies gilt etwa für die Ehe und das dazugehörige Gebot, das sie schützen soll: „Du sollst nicht ehebrechen!"

Bei vielen biblischen Geboten und in der christlichen Ethik geht es aber nicht um die Frage, wie die „ideale" Situation aussähe. *Es wird vielmehr geregelt, was zu geschehen hat, wenn Sünde oder Fehler bereits geschehen sind.* Notwehr etwa ist eine Handlung, die nicht zulässig wäre, wenn ihr nicht eine Sünde vorausginge.

Beispiel aus dem staatlichen Bereich

Ein Musterbeispiel ist der Krieg. In einer sündlosen Welt gäbe es keinen Krieg. Deswegen ist es immer Sünde, einen Krieg in einer Situation des Friedens und der Gerechtigkeit (hebr. *schalom*) zu beginnen. Insofern haben die Pazifisten Recht. Sie haben aber Unrecht, wenn sie daraus schließen, man dürfe prinzipiell auf Krieg bzw. Unfrieden und Ungerechtigkeit nicht mit Verteidigung und Krieg reagieren. Krieg ist in der Bibel immer Reaktion auf das bereits in großem Ausmaß vorhandene Böse.

Beispiel aus dem familiären Bereich

Thema: Scheidung und Wiederheirat. Selbstverständlich sind beide in einer „idealen" Situation, wie Gott sie ursprünglich gewünscht hat, undenkbar und überflüssig. Sie werden aber in der Bibel „um der Härtigkeit der Herzen willen" (Mt 19,8; Mk 10,5) angesprochen. Die Bibel regelt, wie auf eine schwere Verfehlung wie den Ehebruch zu reagieren ist (siehe 5Mo 24,1: „wenn ..., dann").

---

[151] Walter C. Kaiser, Towards Old Testament Ethics, aaO., S. 92.

Die Bibel regelt das Leben in der realen Welt, und das heißt: das Leben in einer gefallenen, sündigen Welt. Biblisch-christliche Ethik darf nicht idealistisch werden, sondern muss bei aller Ausrichtung an Gottes unverbrüchlichen Geboten in der gefallenen Schöpfung Gottes Ordnung ermöglichen. Es gilt hier allgemein, was Paulus auf den speziellen Versuch, allen Sündern aus dem Weg zu gehen, bezogen hat: „... sonst müßtet ihr die Welt räumen" (1Kor 5,9-10).

3.2 Situativ führen heißt weise sein

Gesetz und Weisheit

Die Bibel kennt nicht nur das *Gesetz* Gottes (im engeren Sinne), das sich vor allem in den fünf Büchern Mose findet, daneben aber auch überall in der Bibel,[152] wo eindeutige Gebote formuliert werden. Sie kennt auch die *Weisheit*, die vor allem in der Weisheitsliteratur[153], aber darüber hinaus ebenfalls in der ganzen Bibel zu finden ist.

Neben die unmittelbar gültigen und direkt umsetzbaren Gebote tritt die Weisheit, die die richtige Entscheidung von der jeweiligen Situation abhängig macht und nur richtig handeln kann, wenn sie die beteiligten Menschen kennt. Die Weisheit kann in Sprichworten, Gleichnissen, Vorbilderzählungen und Anschauungsunterricht weitergegeben werden. Die Weisheit enthält auch Lebenserfahrungen, die nur im Regelfall wahr sind (z.B. Spr 15,1; Spr 22,6), aber nicht zwingend so kommen müssen. „Ethische Themen nehmen in der Weisheit einen breiten Raum ein, so daß vor allem bei den älteren Schriften der Eindruck entstehen kann, als gehe es in der Weisheit vorwiegend um Ethik."[154]

---

[152] Das AT enthält vor allem das Gesetz, die Geschichtsbücher (von den Juden „vordere Propheten" genannt), die Propheten (von den Juden „hintere Propheten" genannt), die Weisheitsliteratur und Dichtkunst. Auch wenn jeder Teil des AT einen eigenständigen literarischen Charakter hat, können seine literarischen Elemente auch in anderen Teilen erscheinen. So finden sich Psalmen und Lieder nicht nur im Buch der Psalmen, sondern auch in den fünf Büchern Mose, Reden von Propheten werden in den Geschichtsbüchern überliefert und die Propheten zitieren Gesetzesbestimmungen.

[153] Zur eigentlichen Weisheitsliteratur zählt man vor allem die Bücher Sprüche, Prediger, Hoheslied, Hiob, daneben aus dem Psalmbuch die Psalmen 1.37.49.73.78.91.128. Diese Texte sind für die biblisch-christliche Ethik von großer Bedeutung.

[154] Helmut Weber, Allgemeine Moraltheologie. Ruf und Antwort, Graz 1991, S. 48.

Für die Auslegung und Anwendung der Weisheitsliteratur und überhaupt aller biblischen Texte, die praktische Weisheit für das Leben vermitteln wollen, sind einige Dinge zu berücksichtigen, die sich aus dem Wesen der Weisheit ergeben[155]. *Der besondere Charakter der Weisheit und der Weisheitsliteratur sind die pädagogisch formulierten Ratschläge für konkrete Situationen.*

Die biblische Weisheitsliteratur und Dichtkunst gehen nicht auf unmittelbare Offenbarung zurück, sondern überliefern die unter der Inspiration des Geistes Gottes entstandenen dichterisch und pädagogisch formulierten Lebensweisheiten von Gottesmännern, die aus der Erfahrung des Lebens Ratschläge geben. „Im Buch der Sprüche wird vorrangig betont, daß Weisheit als eine Qualität des Lebens durch eine bestimmte Disziplin und Erziehung zustande kommt."[156]

Während das Gesetz Gottes bereits dem Kind beigebracht werden kann (z.B. 5Mo 6,4-9), beginnt die Erziehung in der Weisheit zwar auch bereits in der Kindheit, erfordert aber langjährige eigene Lernbereitschaft, Übung und Erfahrung. Das Verbot des Ehebruchs kann man schnell erlernen und muss es auch früh kennen, damit es eine feste Lebensgrundlage bietet. Wie man jedoch einem Trauernden begegnet, seine eigene Faulheit überwindet oder Streit aus dem Weg geht, kann nicht mit einem Satz beantwortet werden, sondern erfordert ein lebenslanges Lernen und Reifen.

Dass die Weisheitsliteratur maßgeblich auf die Erziehung ausgerichtet ist, kommt vor allem darin zum Ausdruck, dass sie einprägsam geschrieben ist[157]. Dies gilt vor allem für die vielen Sprichworte, von denen einige auch ihren Weg in unsere Kultur gefunden haben und heute oft als Sprichwörter gelten, so z.B. „Wer andern eine Grube gräbt, fällt selbst hinein" (Pred 10,8). Solche Sprichwörter finden sich auch außerhalb der eigentlichen Weisheitsliteratur.

---

[155] Vgl. zur Beschreibung des Charakters der Weisheitsliteratur Walter C. Kaiser, Towards Old Testament Ethics, Grand Rapids (MI) 1983, S. 64-66; William E. Mouser, Walking in Wisdom. Studying the Proverbs of Solomon, Downers Grove (IL) 1983; Michael Parson, „Understanding the Book of Proverbs", The Banner of Truth Nr. 303 (Dez 1988): 7-9.17; aus katholischer Sicht: Helmut Weber, Allgemeine Moraltheologie, aaO., S. 48-51; aus historisch-kritischer Sicht: Gerhard von Rad., Weisheit in Israel, Neukirchen 1985³, S. 120-125 (und das ganze Buch).

[156] Michael Parson, „Understanding the Book of Proverbs", aaO., S. 9.

[157] Ted Hildebrandt, „Proverbial Strings. Cohesion in Proverbs 10", Grace Theological Journal 11 (1990) 2: 171-185, macht deutlich, dass das Buch der Sprüche nicht nur einprägsamen Lernstoff enthält, sondern entgegen der weitverbreiteten Ansicht, dass die Sprichworte wahllos aneinander gereiht wurden, einem sinnvollen pädagogischen Aufbau folgt; vgl. auch William E. Mouser, Walking in Wisdom. Studying the Proverbs of Solomon, aaO.

Sprichwörter in der Bibel

Große Teile des Buches der Sprüche und des Predigers bestehen aus Sprichwörtern, z.B.:

- Prediger 10,8: „Wer andern eine Grube gräbt, fällt selbst hinein."
- Sprüche 17,12: „Man mag einer Bärin begegnen, die der Jungen beraubt wurde, nicht aber einem Toren in seiner Narrheit."
- Sprüche 22,13: „Der Faule sagt: Draußen ist ein Löwe, ich könnte mitten auf dem Platz getötet werden."
- Sprüche 22,8: „Wer Unrecht sät, wird Unrecht ernten."
- Matthäus 15,14: „Wenn der Blinde die Blinden führt, fallen beide in die Grube."
- Apostelgeschichte 20,35: „Geben ist seliger denn nehmen."
- 1. Korinther 5,6: „Ein wenig Sauerteig durchsäuert den gesamten Teig."

Sprichwörter, die in der Bibel aus der Umwelt zitiert werden

- 4. Mose 21,27: „Deswegen sagen die Spruchdichter ..."
- 1. Samuel 24,14: „Wie das alte Sprichwort sagt: ‚Von Gottlosigkeit kommt Gottlosigkeit'."
- Hesekiel 16,44: „Siehe, jeder, der ein Sprichwort über dich macht, wird dieses Sprichwort sagen: ‚Wie die Mutter, so die Tochter'."
- Lukas 4,23: „Und Jesus sprach zu ihnen: Ihr werdet jetzt sicher folgendes Sprichwort zu mir sagen: ‚Arzt, heile dich selbst!'"
- Johannes 4,37: „Denn hierin stimmt das Sprichwort: ‚Ein anderer ist es, der da sät, ein anderer, der da erntet'."
- 2. Petrus 2,22: „Es ist ihnen nach dem wahren Sprichwort ergangen: ‚Der Hund kehrt zu seinem eigenen Gespei zurück und die gewaschene Sau wälzt sich im Kot'."

Die „Situationsethik" der Weisheit

Die Weisheit gibt meist allgemeine Ratschläge, die nur in konkreten Situationen angewandt werden können. In einer ganz anderen Situation würde die Anwendung dieser Ratschläge das genaue Gegenteil bewirken.

Hier geht es um eine gesunde „Situationsethik". Wenn die Situationsethik Gottes Gebote anerkennt und sich auf solche Situationen beschränkt, in denen „mit biblischer Weisheit" Dinge zu entscheiden sind, die nicht von Gottes Ordnungen eindeutig geregelt werden, ist sie eine wichtige Ergänzung und ein alltäglicher Bestandteil ethischer Entscheidungen.[158]

[158] Dies zeigt besonders gut James I. Packer, „Situations and Principles", S. 148-156, in: David K. Clark/ Robert V. Rakestraw, Readings in Christian Ethics, Vol. 1: Theory and Method, Grand Rapids 1994.

Ein Musterbeispiel dafür zeigt Sprüche 26,4-5: „Antworte dem Toren nicht nach seiner Narrheit, damit nicht auch du ihm gleich wirst! Antworte dem Toren nach seiner Narrheit, damit er nicht weise bleibt in seinen Augen!" Soll man einem Toren antworten oder nicht? Die Antwort hat zwei Seiten, die je nach Situation abgewogen werden müssen. Die Frage, ob man einem Toren antwortet und auf seinen Unsinn eingeht oder nicht, wird nicht durch ein Gebot Gottes ein für alle Mal entschieden. Der weise Mensch muss jeweils entscheiden, was er im konkreten Fall bei diesem Menschen mit seiner Reaktion bewirkt.

Ein schönes Beispiel für ein weisheitliches Gebot, das nur im konkreten Fall angewandt werden kann, sind die Texte, die der Tatsache Rechnung tragen, dass jeder Mensch selbst des Honigs irgendwann überdrüssig werden kann: „Findest du Honig, so iss davon nur so viel, wie du brauchst, damit du nicht zu satt wirst und ihn ausspuckst! Setze deinen Fuß selten [oder: nicht sehr oft] in das Haus deines Nächsten, damit er dich nicht satt wird und dich hasst!" (Spr 25,16-17); „Zuviel Honig zu essen ist nicht gut, und ehrende Worte gebrauche sparsam!" (Spr 25,27). Hier wird eine allgemeine Leitlinie gegeben, die manchen Verdruss auf beiden Seiten verhindern kann. Wie oft man nun aber einen guten Freund besuchen oder loben darf, will und kann der Weisheitslehrer nicht mitteilen. Dazu gehört eine gute Kenntnis des Freundes und viel Lebenserfahrung. Einen guten Freund zu oft zu besuchen und zu viel zu loben ist zwar keine Sünde, aber unweise.

Ohne Beratung geht es nicht

In der Weisheit spielt die Beratung eine große Rolle. Während das Gesetz eindeutig ist, ordnungsgemäße Richter über seine Einhaltung wachen können und der Gesetzeslehrer die unmittelbare Autorität des Gesetzes mit sich bringt, muss die Weisheit viele Möglichkeiten abwägen, Erfahrungen zusammentragen und viele an der Beratung beteiligen.

Entgegen dem Sprichwort „Viele Köche verderben den Brei!" hat die Beratung in der biblischen Weisheitsliteratur einen sehr hohen Stellenwert. Dies gilt zunächst ganz grundsätzlich: „Pläne scheitern, wo keine Besprechung stattfindet, wo aber viele Ratgeber sind, kommt etwas zustande" (Spr 15,22). Dies gilt erst recht dort, wo viel Verantwortung zu tragen ist: „Wo es an Führung fehlt, kommt ein Volk zu Fall, doch durch viele Ratgeber kommt Rettung" (Spr 11,14). In der Beratung verkündigt nicht der Gesetzeslehrer endgültige Antworten (auch wenn das Gesetz unaufgebbarer Rahmen für alle Entscheidungen ist), sondern Weise geben ihre *Begründungen* dafür ab, warum sie einen Weg für besser halten als den anderen. Dabei geht es vor allem um das *Ergebnis* der Handlungen und Entscheidungen.

Suchen, anwenden, prüfen, erkennen, lernen, fragen, zuhören, weise werden, beraten und ähnliche Begriffe beschreiben daher in immer neuen Wendungen den Weg, die weiseste Entscheidung zu treffen. Wir haben bereits beim Thema Selbstbeherrschung gesehen, dass der gottesfürchtige Mensch nicht drauflos redet und handelt, sondern ruhig und nüchtern die Folgen seiner Entscheidungen sorgsam überdenkt.

Während der Gesetzeslehrer das ganze Gesetz kennen und vermitteln kann, kann der Weise immer nur weitergeben, was er persönlich gelernt hat. Dabei wird er immer gerne die Erfahrungen anderer hinzuziehen. „Die Weisheit ist bei den Bescheidenen" (Spr 11,2). Bescheidenheit macht sich gerade darin bemerkbar, dass man gerne andere zu Rate zieht, ihr Urteil mit bedenkt und sich nicht für allwissend hält.

Ein Ehepaar sucht mich auf und will wissen, ob es weitere Kinder bekommen soll. Beide sind berufstätig und zahlen Unterhalt für jeweils mehrere Kinder aus erster Ehe, die beim früheren Ehepartner leben, der nicht berufstätig ist. Das nicht sehr hohe Einkommen beider reicht kaum zum Leben, geschweige denn für eigene Kinder. Doch der Kinderwunsch ist bei beiden vorhanden. Ihre Situation ist alles andere als ideal. Als Seelsorger werde ich darauf achten, dass dieses Ehepaar die Schuld vor Gott und Menschen in Ordnung gebracht und Vergebung empfangen hat. Auch wenn in diesem Gespräch die grundlegenden biblischen Werte zu Ehe und Familie, zu Arbeit, Besitz und manchem mehr, eine wichtige Rolle spielen, lässt sich die Frage des Ehepaars nicht im absoluten Sinne beantworten. Gefragt ist im seelsorgerlichen Gespräch die Beratung, das Erörtern unkonventioneller Lösungen und Informationen darüber, wer sonst noch etwas raten könnte. Fragen zur Situation ihrer neuen Ehe, Probleme mit der bisherigen Kindererziehung und die Einstellung zu Geld und Besitz kommen vielleicht zur Sprache. Es wird auch davon die Rede sein, dass Geld nicht alles ist und man oft einfach nur Gott vertrauen kann – nicht als Patentrezept oder Gebot, sondern weil Gottvertrauen zu jeder weisen Entscheidung dazugehört. Doch all dies kann letztlich nicht die Frage beantworten, sondern nur eine Hilfestellung geben, damit das Ehepaar schließlich selbst seine eigene weise Entscheidung trifft, die es verantworten kann und zu der es dann auch steht.

Beispiel aus dem familiären Bereich

Beispiel aus dem kirchlichen Bereich

In der Seelsorge gibt es immer zwei Aspekte. Einerseits muss der Seelsorger Gottes Gebote kennen und dem Mitchristen Gottes Gesetz als Spiegel vorhalten, um ihn entweder zu ermutigen, Gottes Gebote zu halten, oder um ihn aufzufordern, um Vergebung seiner Schuld zu bitten und umzukehren. Andererseits gibt es Probleme, in denen es nicht um das Halten oder Übertreten der Gebote Gottes geht, sondern in denen weise Entscheidungen gefordert sind. Hier kann der Seelsorger auf biblische Weisheitstexte hinweisen, von seinen Erfahrungen berichten, Ratschläge geben und dazu anleiten, die Folgen von Handlungen und Entscheidungen zu überdenken. Er hat hier aber nicht dieselbe Autorität, wie wenn er sich auf Gottes Wort berufen kann.

Beispiel aus dem staatlichen Bereich

Ein Parlament existiert nicht nur deswegen, weil es sonst keinen praktikablen Weg gibt, ein ganzes Volk zu vertreten, wenn über konkrete Fragen entschieden werden muss. Vielmehr gibt ein Parlament der Überzeugung Ausdruck, dass eine breite Diskussion und Beratung über konkrete Fragen und Situationen das bestmögliche Ergebnis hervorbringt. Wenn das deutsche Parlament zu entscheiden hat, wie man die (von den absoluten Werten der Verfassung vorgegebene) Aufgabe des Schutzes der Bevölkerung z.B. vor Kampfhunden wahrnimmt, so setzt das eine umfangreiche Erhebung der ganzen Situation voraus, die ermöglicht, dass auch andere Auffassungen artikuliert und diskutiert werden als nur die der von Kampfhunden Verletzten. Die Situation (Menschen wurden von Kampfhunden angefallen) hat die Frage heraufbeschworen: Wie können (besonders Kinder und Alte) vor Kampfhunden geschützt werden? Jede neue Situation erfordert sinnvolle Maßnahmen. Normatives Denken und Eingehen auf die tatsächliche Situation müssen hier Hand in Hand gehen.

Beispiel aus dem wirtschaftlichen Bereich

Ein Unternehmer überlegt, ob und wie er seine Firma in jüngere Hände legen soll. Als guter Bibelkenner weiß er, dass Gott die Schöpfung so gestaltet hat, dass die jüngere Generation schließlich die Verantwortung übernimmt und die ältere noch beratende Funktion hat. Er kennt aber auch die Verantwortung gegenüber seinen Mitarbeitern und befürchtet, dass sein Sohn möglicherweise die Firma aufteilen wird, wobei die lukrativen Teile eventuell verkauft werden, die weniger lukrativen Teile dagegen „unter die Räder kommen", da ihr Gewinn unter dem Zinssatz für ein Festgeldkonto liegt. Für den Seniorchef war es Gewinn genug, die Firma zu erhalten, aus der Sicht anderer Investoren spielt dies aber keine Rolle. Wann und wie also soll die Übernahme erfolgen? Hier spielen neben einigen grundsätzlichen Werten (Gewinn ist nicht alles, Arbeitsplatzerhalt, Verpflichtung langjährigen Mitarbeitern gegenüber, Treue zum Traditionsstandort) vor allem unzählige Güterabwägungen und viele Details der Situation eine Rolle. Keiner kann hier eine schnelle und glatte Entscheidung erwarten, jede fachmännische Beratung ist willkommen. Es werden bestimmt viele Kombinationen und Zwischenlösungen angepeilt. Im Übrigen wird bei Berücksichtigung aller normativen und situativen Werte die Entscheidung eine existentielle Entscheidung sein, die der Unternehmer „im einsamen Kämmerlein" (als Christ im Gespräch mit Gott) fällt und für deren Konsequenzen er dann so oder so einstehen muss. Die nach zweieinhalb Jahren gefundene Lösung macht das Beste aus der Situation: Der Sohn übernimmt die lukrativen Teile der Firma unter der notariell festgelegten Bedingung, das Hauptwerk auf zehn Jahre am angestammten Ort zu belassen. Die anderen Teile der Firma werden als GmbH ausgegliedert. Die Mitarbeiter können Gesellschafter werden, und der Unternehmer selbst führt die GmbH zunächst als Geschäftsführer weiter, bis ein Mitarbeiter diese Aufgabe übernehmen kann.

Wie ist dies einer säkularen Umwelt zu vermitteln?
Wer nur die aktuelle Situation für die Entscheidung gelten lässt, kann eigentlich alles und nichts entscheiden und begründen. Wer nur absolute Werte und vorgegebene Grenzen akzeptiert, ist nicht in der Lage, diese situationsgerecht in die Praxis umzusetzen. Die Kunst besteht darin, die vorgegebenen (momentan oder auch auf Dauer) unveränderlichen Werte in immer neuen (teils auch „unmöglichen") Situationen anzuwenden und zu übersetzen.

Die Folgen unseres Handelns

Die Weisheit argumentiert vor allem vom Ergebnis des Handelns her.
„Was zu tun und zu lassen ist, ergibt sich in der Sicht der Weisheit aus den Handlungen selbst, und zwar näherhin aus ihren Folgen. Es sind die mit den einzelnen Handlungen selbst gegebenen Konsequenzen, die sie entweder als ratsam oder als unratsam erscheinen lassen."[159]
Diese Konsequenzen kennen die Weisheitslehrer vor allem durch ihre Erfahrung, also durch die Beobachtung ihres eigenen Lebens und des Lebens anderer. Sie rechnen damit, dass jeder Mensch mit Er-

[159] Helmut Weber, Allgemeine Moraltheologie, aaO., S. 49.

fahrung diese Beobachtungen nachvollziehen und bestätigen kann. „Das auffallendste Merkmal des Weisheitsethos ist die Art, in der es dargeboten wird. Es geschieht – anders als im Gesetz und bei den Propheten – so gut wie nie in der Proklamation von direkten Forderungen oder Verboten, sondern in der Vermittlung von Einsichten und Erfahrungen. Es ist kein Befehlsethos, sondern eine in Ratschlägen und Vernunftargumenten sich empfehlende Sittlichkeit."[160] „Ein weiteres Merkmal des Weisheitsethos ist sodann seine Ausrichtung auf das Gelingen des menschlichen Lebens. Ziel ist ein möglichst glückliches und harmonisches Leben."[161]

Ähnlich formuliert Hendrik van Oyen: „Die einzige normative Autorität ist die schöpfungsmäßig sich meldende Ordnung von Welt und Dasein, die als Erfahrungstatsache sich ständig bemerkbar macht und auf unser Handeln hin unweigerlich gerecht und exakt die Rechnung präsentiert."[162]

So ist im Buch der Sprüche auch zwölfmal von „Sünde" (hebr. *päsa*) die Rede, niemals aber direkt von Sünde gegen Gott[163]. Daraus darf man jedoch nicht folgern, die Weisheit äußere rein menschliche Überlegungen, während das Gesetz göttliche, offenbarte Gebote verkündige. Auch die Weisheit setzt den Glauben an den sich offenbarenden Gott voraus und gilt als Gottes Wort.

Für die Weisheitslehren gibt es vielgestaltige Begründungen[164]. In vielen Sprichwörtern beginnt der zweite Teil des Satzes mit „denn", wobei die unterschiedlichsten Begründungen gegeben werden, die vom Aufzeigen beispielhafter Folgen bis zur Berufung auf das Gericht Gottes reichen können. Oft hätte man auch jeweils andere Begründungen geben können. Die Begründungen sind nicht grundsätzlich und einzigartig, sondern werden „unter pädagogisch-praktischen Gesichtspunkten"[165] ausgewählt.

Begründungen in Sprüche 22-27 (Beispiele)

● Sprüche 22,25: (Gegen Gemeinschaft mit Zornigen:) „... denn du könntest auf seinen Weg geraten und dich selbst zu Fall bringen".

---

[160] Ebd. S. 49
[161] Ebd. S. 49
[162] Hendrik van Oyen, Ethik des Alten Testaments, Gütersloh 1967, S. 143.
[163] So Gerhard von Rad, Weisheit in Israel, aaO., S. 120.
[164] Vgl. bes. Gerhard von Rad, aaO., S. 120-124.
[165] Ebd., S. 122.

- Sprüche 22,27: (Gegen Bürgschaften:) „... denn wenn du nicht bezahlen kannst, wird man dir dein Bett unter dir wegziehen".
- Sprüche 23,11: (Betrug an Waisen:) „... denn ihr Helfer ist mächtig und er wird deren Sache gegen dich führen".
- Sprüche 23,21: (Gegen Völlerei:) „... denn die Säufer und Schlemmer werden arm, und ein Schläfer [= der, der seinen Rausch ausschläft] muss zerschlissene Kleider tragen".
- Sprüche 24,12: (Gegen Verheimlichen:) „...denn der die Herzen prüft, bemerkt es, und der auf deine Seele achtet, weiß es und vergilt dem Menschen nach seinen Werken".
- Sprüche 24,16: „... denn ein Gerechter fällt siebenmal hin und steht doch wieder auf, aber die Gottlosen versinken [für immer] im Unglück".
- Sprüche 24,18: (Gegen Schadenfreude:) „... denn der Herr könnte es sehen und es könnte ihm missfallen und er könnte seinen Zorn von ihm wenden".
- Sprüche 24,22: (Warnung vor Rebellen:) „... denn plötzlich wird sie das Verderben treffen".
- Sprüche 25,8: „Laufe nicht zu schnell zum Gericht, denn was willst du am Ende machen, wenn dich dein Nächster beschämt?"
- Sprüche 25,17: „... denn er könnte dich satt bekommen und deiner überdrüssig werden".
- Sprüche 27,1: „Rühme dich nicht wegen des morgigen Tages, denn du weißt nicht, was dieser Tag dir bringen wird."
- Sprüche 27,24: „... denn Vorräte währen nicht ewig".

Zum „Konsequentialismus"

Mit dieser Auflistung von Weisheiten aus den Sprüchen soll aber nicht dem sog. „Konsequentialismus" das Wort geredet werden, der die sicher verbreitetste ethische Theorie unserer Zeit im säkularen wie im christlichen Bereich darstellt: Der Mensch entscheidet ausschließlich von den Konsequenzen und von der zukünftigen Wahrscheinlichkeit her, nicht aber von Werten her, die hier und heute – ganz unabhängig von der zukünftigen Entwicklung – gut und böse definieren. Der Zweck (die zukünftige Folge) heiligt dabei die Mittel.[166]

[166] Zur Kritik vgl. aus philosophischer Sicht Robert Spaemann, „Die schlechte Lehre vom guten Zweck". Frankfurter Allgemeine Zeitung Nr. 247 vom 23.10.1999, Beilage „Bilder und Zeiten", S. I-II; Julian Nida-Rümelin, Kritik des Konsequentialismus, München 1993¹ (1995²), und Elisabeth Anscombe, „Statt einer Einführung", S. 3-9, in: Julian Nida-Rümelin, aaO., ND des Artikels „Modern Moral Philosophy" von 1958 (Abdrucke ebd. Anm. ★) (Anscombe prägte 1958 den Begriff „Konsequentialismus"); aus theologischer Sicht Johannes Paul II., Enzyklika Veritatis splendor, 6. August 1993, Verlautbarungen des Apostolischen Stuhls 111, Bonn 1995⁵ (1993¹), S. 70-81 (Kap. IV „Die sittliche Handlung").

Der Papst spricht von „theologischen Ethiken (Proportionalismus, Konsequentialismus)", die lehren, dass sich „niemals eine absolute Verbotsnorm formulieren lasse"[167].

Zum Konsequentialismus ist Folgendes zu sagen:

1. Der Konsequentialismus widerspricht klaren biblischen Aussagen, nicht zuletzt Römer 3,8: „Oder etwa so, wie wir verlästert werden und wie einige über uns behaupten, wir würden sagen: ‚Laßt uns Böses tun, damit Gutes herauskomme'. Deren Verurteilung ist gerecht." Auch in der Bibel spielt die Absicht eines Menschen eine wichtige Rolle (vgl. etwa die bösen Absichten der Pharisäer in Mk 7,20-21; Mt 15,19). Aber die Absicht ist a) nur ein ethisches Kriterium unter anderen, nicht das einzige Kriterium, und b) wird eine böse Tat nicht durch eine gute Absicht gut, also ein Raubmord nicht dadurch gut, dass ich einen Verbrecher beraube und den Gewinn einem gutem Zweck spenden will.[168]

2. Dem Mensch wird eine „überbordende Verantwortlichkeit"[169] auferlegt, weil er für Folgen verantwortlich gemacht wird, die er gar nicht oder nur zum geringen Teil beeinflussen kann.

3. Der Mensch müsste ununterbrochen Prophet sein. In Wirklichkeit kann er die Folgen oft nur abschätzen und erahnen, aber „ein erschöpfendes vernünftiges Kalkulieren ist nicht möglich".[170] Hinterher ist man immer schlauer.

4. Letztlich lässt sich alles mit „dem kleineren Übel" begründen, also damit, dass es andernfalls noch schlimmer geworden wäre.[171] Der KZ-Arzt, der bleibt, weil ein anderer an seiner Stelle noch mehr Menschen getötet hätte, handelt dann ebenso moralisch, wie der Politiker, der eine Giftgasfabrik genehmigt, weil dadurch Arbeitsplätze erhalten bleiben.

5. Solche Beispiele zeigen, dass sich auch im Konsequentialismus immer noch die Frage nach der Rangordnung der Werte stellt. Wie viele Arbeitsplätze wiegen mehr als welche Gefährdung durch Giftgas? Kann man einen Ehebruch damit begründen, dass es einen depressiven Menschen glücklich macht? Oder welchen Stellenwert hat „jemand glücklich machen" gegenüber anderen Werten?

---

[167] Ebd., S. 74.

[168] So bes. ebd., S. 71.76.

[169] Elisabeth Anscombe, „Statt einer Einführung", aaO., S. 90-92 (Abschnittsüberschrift).

[170] Johannes Paul II., Enzyklika Veritatis splendor, aaO., S. 77, siehe die Begründung S. 76-77.

[171] So bes. Elisabeth Anscombe, aaO., S. 92-94.

Papst Johannes Paul II. hat zu Recht bemerkt, dass christliche Ethik durchaus die Folgen des Handelns einbezieht, aber nicht im absoluten Sinne und nicht, um damit klare Gebote der christlichen Ethik auszuhebeln. Es ist also ein Unterschied, ob die Folgenabschätzung im Falle einer Frage vorgenommen wird, in der auch die christliche Ethik unbestimmt ist, oder ob in einer Frage, die ethisch deutlich beantwortet werden kann.[172]

Christliche Ethik berücksichtigt nachdrücklich die Konsequenzen unseres Handelns, aber sie erhebt dies nicht zum absoluten Prinzip, sondern ordnet sie in die Gesamtsituation und den normativen Rahmen ein.

---

[172] Johannes Paul II., S. 76. Der Papst bezieht dies natürlich auf die biblischen Gebote ebenso wie auf alle vom päpstlichen Lehramt verkündigten Gebote.

4. Existentiell entscheiden

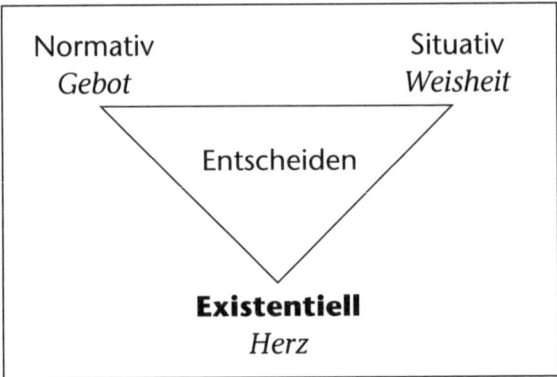

4.1 Existentiell führen heißt verinnerlichen

Gott geht es nie um die nur äußerliche Erfüllung seiner Gebote, sondern um die Erfüllung der guten Werte aus innerster Überzeugung und aus Liebe. Der Apostel Paulus hat dies treffend formuliert: „Das Endziel des Gebotes ist Liebe aus reinem Herzen und gutem Gewissen und ungeheucheltem Glauben" (1 Tim 1,5).

Werte sind immer innere Werte, auch wenn sie sichtbar zum Ausdruck kommen müssen. Ganz sicher ist es besser, der Staat mit seinen Gesetzen hindert mich am Töten, als dass ich einer „inneren Mordlust" äußerlich nachgebe. Aber das Ziel des Mordverbotes ist nicht allein das Verhindern eines Mordes, sondern das Überwinden des inneren Hasses durch die Liebe. Deswegen schreibt Paulus den römischen Christen, dass viele Menschen dem Staat nur aus Angst vor Strafe gehorchen (Röm 13,1-5), Christen aber vielmehr das geforderte Gute „nicht allein wegen der Strafe, sondern um des Gewissens willen" tun sollen (Röm 13,5).

Wie ist das einer säkularen Umwelt zu vermitteln?
Sowohl für die eigene Entscheidung als auch für alle, die von dieser Entscheidung betroffen sind, ist es wichtig, dass die normativ und situativ abgewogenen und bedachten Elemente zu einer uns innerlich

überzeugenden Entscheidung zusammenwachsen. Zwar darf die innere Zustimmung nicht zum Dogma und zum alleinigen Kriterium erhoben werden. Manchmal muss der Entscheidungsträger schnell und sachlich entscheiden, ohne lange warten zu können, bis er „Ruhe" über der Sache hat. Und erst recht kann man nicht immer warten, bis alle Betroffenen den Sinn einer Entscheidung einsehen. Aber wer ständig seine innerste Überzeugung übergeht und die Betroffenen stets über die Gründe im Unklaren lässt und nicht wenigstens versucht, deren Zustimmung und Einsicht zu gewinnen, wird sich selbst und seine Mitarbeiter überfordern.

Die innere Einstellung im Alten Testament

Schon im Alten Testament geht es Gott nicht allein um die äußere Erfüllung der Gebote. Manche Christen sind der Meinung, dass Jesus in Matthäus 5,27-32 das „äußere" Verbot des Ehebruchs durch ein „inneres" Verbot des begehrlichen Blicks ergänzt habe. In Wirklichkeit aber findet sich schon in den Zehn Geboten das Verbot des Ehebruchs und im zehnten Gebot das Verbot des Begehrens: „Du sollst nicht begehren deines Nächsten Frau ..." (2Mo 20,17).[173] Dieses zehnte Gebot stellt die innere Seite zum Verbot des Ehebruchs (Begehren der Frau des Nächsten) und zum Verbot des Stehlens (Begehren des Besitzes des Nächsten) dar. Das falsche Begehren wird schon im Alten Testament wiederholt verworfen[174]. Das Buch der Sprüche beschäftigt sich überaus häufig mit dem schlimmen und zerstörerischen Verlangen nach einer anderen Frau. In Hiob 31,1 heißt es ähnlich: „Ich habe einen Bund mit meinen Augen geschlossen. Wie hätte ich da eine Jungfrau lüstern anschauen sollen?" Nach 4. Mose 15,39 sollte sich Israel immer an das Gesetz erinnern: „... ihr sollt nicht eurem Herzen und euren Augen nachfolgen, deren Begierden ihr nachhurt". Und Sprüche 6,25 warnt vor der Ehebrecherin: „Begehre ihre Schönheit nicht in deinem Herzen, lass sie dich nicht mit ihren Wimpern einfangen!"

---

[173] Warum der von mir sehr geschätzte Klaus Bockmühl, Christliche Lebensführung. Eine Ethik der Zehn Gebote, Gießen 1993, S. 146 schreibt, Jesus habe das zehnte Gebot in der Bergpredigt „radikalisiert", ist mir nicht klar. Welcher Fall wird von Jesus verboten, der nicht schon im AT verboten war?

[174] Vgl. Alexander Rofé, „The Tenth Commandment in the Light of Four Deuteronomic Laws", S. 45-66, in: Ben-Zion Segal/Gershon Levi (Hg.), The Ten Commandments in History and Tradition, Jerusalem 1990.

Viele Ausleger meinen, dass Jesus in Matthäus 5,21-26 auch das alttestamentliche Verbot des Mordes verschärft und verinnerlicht, indem er nun auch den grundlosen Zorn auf einen anderen, der im Fluchwort zum Ausdruck kommt, verbietet. Doch die einseitige, nur das Handeln beurteilende Auslegung des alttestamentlichen Gesetzes war ein Fehler der Schriftgelehrten. Das Alte Testament selbst unterscheidet zwar deutlich zwischen der Sünde und dem Planen der Sünde, verurteilt aber ebenso eindeutig wie das Neue Testament schon den bösen Plan zur Sünde. Wer immer Gott dienen möchte, muss dies von ganzem Herzen tun.[175] Wie das innere Begehren z.B. den Ehebruch auslöst, so führt unkontrollierter Zorn zum Mord: Zorn plant Mord (Est 5,9), ist grausam (Spr 27,4), zerfleischt andere (Am 1,11). Im Zorn werden Männer erschlagen (1Mo 49,6-7; 5Mo 19,6) und „der Zorn des Königs ist ein Todesbote" (Spr 16,14), um nur einige Stellen aus dem Alten Testament zu nennen. „Die alttestamentliche Ethik beschäftigt sich ebenso mit der inneren Antwort auf die alttestamentliche Moral wie mit den äußeren Handlungen."[176] Immer wieder werden die bösen Gedanken von Gott angesprochen und verurteilt (z.B. 1Mo 6,5; 1Chr 28,9; Spr 6,16-18; 15,26; 21,27; Jes 59,7; Jer 4,14; Hes 38,10; Ps 94,11).

Beispiel aus dem kirchlichen Bereich

Das Verbot des Paulus, die Mitgliedschaft in der Gemeinde von der „Beurteilung zweifelhafter Fragen" (Röm 14,1) abhängig zu machen, und die Forderung des Paulus, dass die „Starken im Glauben" die „Schwachen im Glauben" respektieren sollen (Röm 14-15), erinnert uns daran, dass die Gemeinde Jesu Christi klar zwischen eindeutigen Geboten Gottes und solchen Traditionen unterscheiden muss, die zwar sinnvoll sein mögen, nie aber für alle verpflichtend gemacht werden können. Diese Einsicht des Apostels Paulus war eine der großen Neuentdeckungen der Reformation! Bei den Streitfragen der Gemeinde in Rom (das Halten von bestimmten Feiertagen, das Essen von Opferfleisch) ist es völlig eindeutig, welche Position Paulus für richtig hält. Für ihn hat Gott weder Fleisch und Wein verboten noch bestimmte Jahresfeiertage für alle zur Pflicht gemacht. Dass Paulus seine Einstellung so deutlich werden lässt, ist um so erstaunlicher, als er die Ermahnung an die Starken richtet und die Schwachen in Schutz nehmen will. Noch deutlicher formuliert Paulus seine Position in

---

[175] So bes. auch Walter C. Kaiser, Toward Rediscovering the Old Testament, Grand Rapids (MI) 1987, S. 128-133.

[176] Walter C. Kaiser, aaO., S. 7.

1. Korinther 10,23-33. Warum aber will er dann nicht seine Sicht umgesetzt sehen, wenn er sagt: „Alles, was nicht aus dem Glauben kommt, ist Sünde" (Röm 14,23)? Unter „Glaube" ist in Römer 14,23 wie auch im vorangehenden Kontext die Überzeugung zu verstehen, dass Gott etwas gestattet hat[177]; nicht der Glaube an Gott generell ist gemeint. Paulus erklärt denen, die die „Schwachen im Glauben" unter Druck setzen, dass es nicht damit getan ist, wenn sich die Schwachen äußerlich fügen. Diese „Schwachen im Glauben" sollen die Freiheit der „Starken im Glauben" nicht gegen ihre Überzeugung genießen und nicht in dem Bewusstsein handeln, sie täten etwas gegen den Willen Gottes. Sie sollen es vielmehr in dem Wissen und Vertrauen tun, dass Gott es gestattet hat. Paulus will offensichtlich, dass die Schwachen nur dann Opferfleisch essen, weil sie überzeugt wurden: Dieses Essen ist mir als Christen erlaubt. Er will keine Christen, die gegen ihre inneren Überzeugungen handeln oder sich nur äußerlich anpassen, sondern solche, die aus bewusster Überzeugung und aus Glauben heraus das tun, was ihnen von Gott nicht verboten worden ist.

Wenn es um die Arbeitsmoral geht, ist die innere Einstellung des Menschen sehr wichtig. Ich kann viele Regeln für den Arbeitsplatz aufstellen und Mitarbeiter noch so viel kontrollieren: Gegen die innere Arbeitsverweigerung ist kein Kraut gewachsen. Diese innere Verweigerung **Beispiel aus dem wirtschaftlichen Bereich** kann nur überwunden werden, wenn ich mich den ihr zugrunde liegenden Blockaden und Beziehungsproblemen zuwende (z.B. Dauerstreit mit einem Abteilungsleiter oder heimliches Trinken zu Hause) oder dadurch, dass ich wenigstens ein Mindestmaß an innerer Übereinstimmung und Zustimmung zur Arbeit, zur Firma und zum Führungsstil erreichen kann.

Anlässlich der Verleihung des Bundesverdienstkreuzes zum 80. Geburtstag meines Vaters hielt ich im Auftrag der Familie eine kurze Laudatio. Die versammelte politische Prominenz (m.W. keine praktizierenden Christen) war **Beispiel aus dem familiären Bereich** nicht wenig erstaunt, als ich berichtete, dass meine Eltern uns zu „Weltbürgern" erzogen hätten und ich dank meiner Erziehung Hass gegenüber Ausländern oder Verachtung von Behinderten gefühlsmäßig nicht nachvollziehen könne. Wie haben meine Eltern das nur gemacht? Als wir heranwuchsen, haben wir gelegentlich

---

[177] So auch C. E. B. Cranfield, A Critical and Exegetical Commentary on The Epistle to the Romans, The International Critical Commentary 11. Edinburgh 1989 (überarb. ND von 1979), Bd. 2, S. 728-729, der zuvor die verschiedenen Auslegungen von Römer 14,23 darstellt und diskutiert.

über solche Themen gesprochen oder es wurde kommentiert, was eine Zeitung gerade zu dieser Thematik berichtete. Aber die eigentliche Prägung gegen Ausländerhass geschah dadurch, dass meine Eltern die Liebe zu allen Menschen als hohen Wert ansahen und diesen auch praktizierten. Deswegen lernten wir viele Menschen aus aller Welt bei uns zu Hause kennen (nicht im Fernsehen oder in abfälligen Witzen) und sahen, wie unsere Eltern sie achteten und schätzten. Dass ich als kleines Kind einem Afrikaner die Haare kraulen durfte, hat mir zutiefst vermittelt, dass er ein Mensch ist wie ich, der Vertrauen braucht und den zu achten wertvoll ist.

Beispiel aus dem staatlichen Bereich

Die grundlegenden Werte einer Gesellschaft können sich nicht einfach aus einem gewissen Konsens ergeben, zumal die Frage ist, ob unsere Gesellschaft überhaupt noch von gemeinsamen Überzeugungen getragen wird. Wenn Übereinstimmung allein zählt, hätte man den Nationalsozialismus zumindest so lange akzeptieren müssen, als er sich auf die begeisterte Zustimmung großer Teile der Bevölkerung stützen konnte. Es war jedoch gerade die Lehre, die aus der Zeit des Nationalsozialismus gezogen werden konnte, dass es jenseits der Autorität des Staates unantastbare Werte geben müsse. Deswegen schuf die UNO die Allgemeine Erklärung der Menschenrechte, deswegen schrieben die Väter und Mütter des Grundgesetzes einige die Würde des Menschen betreffende Grundrechte für immer fest. Menschenrechte und Menschenwürde werden nicht vom Staat geschaffen oder verliehen, sondern sind ihm vorgegeben, da der Mensch ein Geschöpf Gottes ist. Diese allen Menschen bewusst unantastbare Ordnung steht über aller Macht und allen Mehrheitsverhältnissen. Und dennoch gilt: *Die grundlegenden Werte einer Gesellschaft müssen einerseits unantastbar außer- und oberhalb ihrer selbst stehen, müssen aber gleichzeitig auf die Übereinstimmung zumindest eines Großteils der Bevölkerung treffen.* Keine Gesellschaft kann auf Dauer völlig andere Werte und Rechte in ihrer Verfassung und ihrem Recht festschreiben als sie praktiziert und von einem wesentlichen Teil der Bevölkerung zumindest theoretisch akzeptiert wird. In Indien wurde das Kastenwesen nach dem Zweiten Weltkrieg laut Verfassung abgeschafft, aber bis heute bestimmt es trotz aller Fortschritte das Volksleben, weil die Mehrzahl der Inder dem Kastenwesen verhaftet blieb.

4.2 Existentiell führen heißt Erfahrungen sammeln

Ein anscheinend schwieriges Kapitel ist die Verschränkung des Studiums der Heiligen Schrift mit den aus Tradition, Erfahrung und vernünftigen Überlegungen gewonnenen Einsichten, die wir in Kapitel 2.1 diskutiert haben. So richtig der Wunsch grundsätzlich ist, die Bibel nicht durch die Brille unserer eigenen Weltanschauung lesen zu wollen, so unvermeidlich ist es dennoch, dass meine Biographie mein Bibellesen mitbestimmt. Wichtig ist hier ein ständiges Wechselspiel, in dem die Heilige Schrift zwar der normative Part ist, die Persönlichkeit des Lesers aber eine bedeutende Rolle spielt. Die Bibel mahnt Veränderungen an, die Gottes Heiliger Geist in uns bewirken will, aber diese Veränderungen lassen uns die Heilige Schrift zugleich wieder in einem anderen Licht lesen und schließen uns neue Aspekte auf.

Wer als Kind anfängt, die Bibel zu lesen, liest Gottes Wort, aber eben durch die Brille eines Kindes. Mit der Reifung der Persönlichkeit reift auch das Verständnis der Bibel. Mit neuen Erfahrungen werden auch neue Teile der Bibel verständlich, die zwar zuvor schon Gottes Wort waren und doch das persönliche Leben oder die Lehre kaum berührt haben. Persönlich erfahrenes Leid kann etwa die Klagepsalmen, das Buch des Propheten Jeremia, die Klagelieder oder das Buch Hiob in bisher nie gekannter Weise aufschließen. Unsere Denkvoraussetzungen und unser Erfahrungshorizont sind für unser Verständnis der Bibel unverzichtbar, auch wenn die Bibel unsere Denkvoraussetzungen und unseren Erfahrungshorizont ständig verändern und bestimmen will.

Gott führt Menschen oft schrittweise aus falschen Traditionen heraus und benutzt dabei die konkrete Erfahrung ebenso wie normative Aspekte.

In einem Wechselspiel von direkter Offenbarung, Studium des Alten Testamentes und persönlicher Erfahrung lernten beispielsweise die Apostel, dass die Gemeinde Jesu jetzt aus allen Völkern gesammelt wird und nicht mehr allein an das jüdische Volk gebunden ist. Die Apostelgeschichte legt davon ein **Beispiel aus dem kirchlichen Bereich** beredtes Zeugnis ab. Was brachte den Apostel Petrus zu dieser neuen Überzeugung? Jesu Lehre, die Visionen von den „unreinen Tieren" (Apg 10,9-20), das ungemein beeindruckende Erlebnis der Bekehrung des Kornelius (Apg 10,24ff) und anderer Heiden, die Diskussionen mit

Paulus (Gal 2,11ff) und anderen oder der Zwang der Ereignisse, etwa indem sich in Antiochien Heiden bekehrten (Apg 11,1-18), ohne in Jerusalem um Erlaubnis gefragt zu haben? Alles zusammen überzeugte Petrus, wie das „Apostelkonzil" zeigt. Sein Hauptargument ist die persönlich gemachte Erfahrung (Apg 15,7-9; vgl. 15,14; ebenso bei Paulus und Barnabas: Apg 15,12), auch wenn die Übereinstimmung mit dem Zeugnis der Heiligen Schrift den letzten Ausschlag gab (Apg 15,15-19). Rein theoretisch wäre es am besten gewesen, die Apostel hätten die Bibel studiert, sie verstanden und in die Praxis umgesetzt. Die Realität aber war eine andere, weil die Apostel eben auch nur Menschen aus Fleisch und Blut waren und keine Computer, die man durch ein anderes Programm neu programmiert. Die Jünger Jesu zögerten nicht, den Missionsauftrag auszuführen, weil er ihnen nicht mitgeteilt worden wäre, sondern weil er sich noch nicht mit ihrer Erfahrung verbunden hatte und damit noch nicht ihr Herz bestimmte.

4.3 Existentiell führen heißt mitleiden und Beziehungen pflegen

Hier müssten wir nun vieles wiederholen, was wir eingangs zur Liebe gesagt haben. Wenn unsere Entscheidungen von der Liebe bestimmt sind, haben sie auch immer etwas mit Beziehungen zu tun. Selbst bei einer für den anderen harten Entscheidung kann ich mich der Beziehung zu ihm nicht entziehen; mein Mit-Leiden wird dennoch gefragt sein.

In unserem Universum ist letztlich alles persönlicher und ethischer Natur, alles entscheidet sich also am Verhältnis von Personen. Biblische Ethik ist deswegen immer personale Ethik. Es geht in ihr bei allen Sachfragen letztlich immer um das Verhältnis von Personen zueinander, wie dies etwa die Zehn Gebote verdeutlichen. Dies begründet zugleich auch die Ganzheitlichkeit der biblischen Ethik, die nicht bei einzelnen Sachfragen stehen bleibt, sondern alles auf der Ebene der Beziehung von Gott und Mensch und der Menschen untereinander zusammen schaut.

Führungsentscheidungen können nie davon absehen, dass sie immer auch über die Beziehung von Menschen untereinander entscheiden und möglicherweise schicksalhaft für sie sein können. Das bedeutet nicht, dass man nicht sachbezogen und besonnen entscheiden könne und dürfe. Aber es bedeutet, dass die Folgen, die eine Entscheidung für andere Menschen hat, und die Bedeutung, die diese Entscheidung für das Verhältnis zu den Untergebenen und dieser untereinander hat, immer ein wesentlicher Faktor in der Güterabwägung darstellen.

Wie ist das einer säkularen Umwelt zu vermitteln?
Wissen, Erfahrung, Reife und Charakterbildung müssen bei der Auswahl einer Führungskraft gleichermaßen berücksichtigt werden. Es zählt nicht nur der Intelligenzquotient, sondern auch der emotionale Quotient, auch „emotionale Intelligenz" genannt[178].

Wir wollen uns im Folgenden auf Beispiele aus Staat und Wirtschaft beschränken, weil die Bedeutung der Beziehungspflege für die Verantwortlichen in Familie und Kirche wohl jedem klar ist. Es muss aber deutlich werden, dass ein Unternehmer ebensowenig darauf verzichten kann, Arbeit, Zeit, Geld und Nachdenken in Beziehungen zu investieren, wie etwa eine Mutter oder ein Pastor in ihrem jeweiligen Umfeld.

Was für eine große Rolle die persönlichen Langzeitbeziehungen, die Helmut Kohl zu führenden Politikern seiner Zeit hatte, für die deutsche Wiedervereinigung gespielt haben, ist inzwischen allseits bekannt. Das Vertrauen, dass die Deutschen keine Loslösung vom westlichen Bündnis, aber auch keine Rachegefühle gegenüber der Sowjetunion hegten oder eine Revision der Vertreibung aus den ehemaligen Ostgebieten anstrebten, war ganz wesentlich nicht dem Vertrauen in das deutsche Volk zu danken, sondern in die Zuverlässigkeit einer Person, die das deutsche Volk glaubhaft repräsentierte. Die berühmte Begegnung Kohls mit Gorbatschow im Kaukasus, bei der der deutsche Bundeskanzler die Zustimmung Gorbatschows zum Verbleib der Bundesrepublik in der Nato erlangte und Gorbatschow wiederum Kohls Versprechen eines ehrenvollen und finanziell abgefederten Abzugs der sowjetischen Truppen aus der damaligen DDR, wäre

Zum Beispiel

---

[178] Vgl. Daniel Goleman, Emotionale Intelligenz, München 1996; Robert K. Cooper/Ayman Sawaf, Emotionale Intelligenz für Manager, München 1997; Branko Bokun, Wer lacht lebt, München 1996; Andreas Huber, Stichwort Emotionale Intelligenz, München 1996⁴. Gegen die Überbewertung des IQ und auf die Bedeutung der Fähigkeit, mit anderen Menschen umzugehen, wurde bereits 1962 auf dem berühmten Ciba-Symposium über die Zukunft des Menschen hingewiesen, [Robert Jungk, Hans Josef Mundt (Hg.).] Das umstrittene Experiment: Der Mensch. Siebenundzwanzig Wissenschaftler diskutieren die Elemente einer biologischen Revolution, München 1966, S. 304 [Engl. Original Gordon Wolstenhom (Hg.), Man and His Future, London 1963].

ohne die vorangegangene Beziehungspflege der beiden Staatsmänner undenkbar gewesen.

Zum Beispiel Ein erfolgreicher Firmeninhaber, der kluge Entscheidungen fällt und seine Firma auf Wachstumskurs bringt, zugleich aber keinerlei persönliches Interesse für seine Manager, geschweige denn andere Mitarbeiter hat, ist nicht nur ein menschlich unangenehmer Chef, sondern denkt auch nicht wirklich strategisch. Denn wie schnell kann eine Situation eintreten, in der er auf das Wohlwollen seiner Mitarbeiter angewiesen ist! Wenn die Aufträge ausbleiben, die Firma in Schwierigkeiten gerät und alle die Einbußen mittragen müssen; wenn er plötzlich fälschlicherweise des Steuerbetruges verdächtigt oder schwer krank wird, kann das Überleben der Firma durchaus davon abhängen, dass seine Mitarbeiter ihm vertrauen. Dann wird sich zeigen, ob sie bereit sind, sich für ihn und die Firma einzusetzen, oder ob sie alle „eine Abrechnung mit ihm offen haben".

Zum Beispiel Die Entlassung eines Mitarbeiters könnte durchaus aus Liebe geschehen, wenn jemand z.B. mit seiner Aufgabe völlig überfordert wäre. Aber auch aus Liebe zur Gesamtbelegschaft, deren Arbeitsplätze dadurch sicherer werden. Doch wer wirklich aus Liebe entlässt, wird sich Zeit nehmen, dem Betroffenen die Gründe darzulegen (etwa die Pflichtenkollision aufzeigen), damit er diese für ihn harte Entscheidung verstehen kann. Wer hingegen aus Rache, Eigensucht, Mobbing oder Empfindlichkeit gegenüber Kritik entlässt, wird sich scheuen, dem Betroffenen unter die Augen zu treten. Er wird sich hinter einem Brief verstecken oder sich hinter seiner „Amtsautorität" verschanzen.

Wie ist das einer säkularen Umwelt zu vermitteln?

Wir haben bereits das Beispiel angeführt, das uns ein Hausbau liefert. Ein guter Architekt mag alles über den Hausbau wissen und jeden Prozess gegen Behörden und Baufirmen gewinnen. Wenn er sich aber für das Eigentliche, nämlich die Hausbewohner, nicht interessiert, wird er letztlich ein schlechter Architekt bleiben, weil er keine Ahnung hat, wofür er eigentlich baut. Er wird am Leben vorbei bauen. Denn ohne Menschen ist jedes noch so schöne Haus belanglos. Häuser werden für Menschen gebaut, nicht Menschen für Häuser geboren. Was Jesus einmal über den Sabbat sagte („Der Sabbat wurde für den Menschen gemacht und nicht der Mensch für den Sabbat", Mk 2,27), gilt für alle Bereiche der Schöpfung. Es gilt für Arbeit, Wirtschaft und Führungsstrukturen. Die Menschen existieren nicht für das Erfüllen dieser

Strukturen, sondern alle diese Strukturen wurden zur Hilfe für den Menschen geschaffen. Wann immer wir vergessen, dass wir *für* Menschen leben und arbeiten, nicht für Roboter und die Gewinnmaximierung, werden wir gewollt oder ungewollt *gegen* Menschen leben und arbeiten. Und das wird letztlich nicht nur Menschen zerstören, sondern auch all das, was Menschen hervorbringen.

Ein unglücklicher Arbeiter ist eben ein schlechter Arbeiter und ein lustloser Manager wird wahrscheinlich schlechte Entscheidungen fällen. Ein durch Unhöflichkeiten verärgerter Kunde wird bestenfalls ein unangenehmer Kunde sein, schlimmstenfalls ein Kläger und zukünftiger Nicht-Kunde. Jedes gemeinsame Arbeiten und Wirtschaften setzt ein Mindesmaß an Zustimmung und Vertrauen voraus. Wo diese Faktoren zerstört werden, ist Wirtschaften bestensfalls als Sklaverei und in Mafiastrukturen denkbar. Wer in Beziehungen investiert, investiert damit in das wichtigste Kapital einer Firma, den Menschen, der nur wirklich gut arbeiten kann, wenn er in guter Gemeinschaft mit anderen arbeitet.

Beispiel aus dem wirtschaftlichen Bereich

4.4 Existentiell führen heißt anklagen und verteidigen zugleich

Der Herr des Universums, Jesus Christus, ist der vollkommene Richter, weil er die Anklage ernst nimmt, aber zugleich Verteidiger derer ist, die an ihn glauben.

Die Mischung aus gesunder Anklage und selbstverständlicher Verteidigung macht echte Autorität in allen Lebensbereichen aus. Wir gestehen nur dem zu, uns „anzuklagen" und zu kritisieren, der sich auch für uns einsetzt. Deswegen kann z.B. eine gute Ehe massive, unter vier Augen geäußerte Kritik des anderen wohlwollend annehmen und als Hilfe empfinden, die außerhalb einer Ehe als Rufmord angesehen würde.

Wie ist das einer säkularen Umwelt zu vermitteln?
Echte Autorität kommt durch die Komplementarität von Grenze und Freiheit, von Festigkeit und Flexibilität zustande, von Führen und

selbständig Entscheidenlassen. Wo die Grenze betont wird und die Freiheit erdrückt, entsteht Härte, Zwang und Tyrannei. Wo die Freiheit die Grenze erdrückt, entsteht Schwäche, Interesselosigkeit und Anarchie. Echte Autorität ist konsequent, aber nicht hart, flexibel, aber nicht schrankenlos. Echte Autorität ist ausgewogen konsequent und flexibel zugleich. Weder der Tyrann noch der „Waschlappen", weder der „Brüllaffe" noch der Leisetreter, weder der Alles-allein-Entscheider noch der Nichts-Entscheider sind christliche Autoritäts- und Führungsideale.

Beispiel aus dem familiären Bereich

Gute Eltern bringen ihr Kind durch Kritik und Strafe, aber auch durch selbstlose Annahme und bedingungsloses Eintreten zu einer gesunden Selbsteinschätzung. Wer wirklich für seine Kinder da ist, wird ihnen sowohl eine gesunde Selbstkritik beibringen, indem er ihnen Grenzen setzt und aufzeigt, als auch ein gesundes Selbstvertrauen vermitteln, indem er seine Kinder verteidigt und entschuldigt. Ich erinnere mich lebhaft, dass mein Bruder einmal die Fensterscheibe des Nachbarn mit einem Fußball zertrümmerte. Mein Vater tat dreierlei: 1. Er schimpfte und setzte eine Strafe fest (Lerneffekt: eine Unachtsamkeit, die anderen Schaden zufügt). 2. Er erklärte meinem Bruder, wie es dazu kommen konnte und wie er diesen Fehler in Zukunft vermeidet, wobei er ein Beispiel aus seiner Kindheit erzählte (Lerneffekt: a) Es gibt immer Entlastungsgründe, auch wenn diese nicht die Schuld beseitigen, b) es lohnt sich, die Gründe für einen Fehler auszuloten, um ihn das nächste Mal zu vermeiden; c) jeder Mensch macht Fehler – meine Selbstachtung beruht nicht auf Fehlerlosigkeit). 3. Er ging zum Nachbarn und erklärte – für uns unvergesslich: „*Wir* haben Ihre Scheibe kaputtgemacht und wollen Ihnen die Kosten ersetzen!" Mein Vater war damals nicht nur Ankläger und Richter, er war auch derjenige, der als Verteidiger die Entlastungsargumente vorbrachte und der sich nach außen hin vor seine Kinder stellte und nicht sagte: „Leider habe ich einen so ungezogenen Sohn – ich weiß gar nicht, wie das kommt!"

Beispiel aus dem seelsorglichen Bereich

Ein Seelsorger, der dem Ratsuchenden nur nach dem Mund redet, wird ihm ebenso wenig helfen wie derjenige, der nur ein Ziel hat: die Sünde des anderen zu entdecken und eine Beichte zu erwarten. Ein Seelsorger kann die Funktion des Anklägers haben, wenn er dem Ratsuchenden einen Spiegel vorhalten und den Schleier des Selbstbetrugs zerreißen muss. Doch der Prophet Nathan musste sofort einhalten, als David seine Schuld einsah, und von Vergebung sprechen. Ein Seelsorger kann aber auch die andere Funktion des Verteidigers haben, wenn den Ratsuchenden das schlechte Gewissen wegen etwas quält, was objektiv keine Schuld darstellt. Sexuell missbrauchten Kindern muss man sagen, dass die Schuld nicht bei ihnen, sondern beim Erwachsenen liegt, obwohl Kinder oft der Gedanke quält, sie selbst seien daran schuld. Hier wird der Seelsorger zum „Freisprecher". Ein Seelsorger braucht beides: Den Mut, Dinge klar beim Namen zu nennen und „Anklagen" auszusprechen („In Wirklichkeit wollen Sie ja gar nicht!"), wie auch den Mut mitzuleiden, für den anderen einzutreten, ihn zu entschuldigen, ihm deutlich zu machen, dass viele dieses Problem haben. Der Seelsorger steht gewissermaßen für eine objektive Verhandlung über Probleme zur Verfügung, in der alles Belastungsmaterial wie alles Entlastungsmaterial auf den Tisch kommt. Dabei ist der Seelsorger selbstverständlich nicht der Richter, der das eigentliche Urteil fällt, sonst würde er sich an die Stelle Gottes begeben. Er hilft nur mit, eine gute Entscheidung zu fällen, etwas, was wir Menschen oft alleine nicht schaffen.

Ein gutes Rechtssystem stellt sicher, dass Anklage wie auch Verteidigung funktionieren und beide nicht behindert werden. Denn der Staat tritt ein für Recht und Strafe – weswegen er den Staatsanwalt stellt; er steht aber gegen Unrecht und unverhältnismäßige Strafe – weswegen er die Verteidigung fördert, ja sogar (bei sozial **Beispiel aus dem staatlichen Bereich** Schwachen) durch Prozesskostenhilfe die Verteidigung bezahlt oder einen Pflichtverteidiger bestellt. Eine gut organisierte Verteidigung und eine schlecht ausgerüstete Anklage (z.B. durch unterbezahlte Polizei und Staatsanwaltschaft, zu wenig Personal, bürokratische Einschränkungen, Korruption) wird ebenso leicht zu Ungerechtigkeiten führen, wie auch eine gut organisierte Anklage angesichts einer schlechten Verteidigung (z.B. durch Geldmangel, Behinderung, Unwissen, Bedrohung).

Ähnliches gilt auch für das soziale Netz. Der Staat muss sicherstellen, dass sozial Schwache nicht „ausgegrenzt" werden, aber auch, dass das soziale Netz nicht unrechtmäßig in Anspruch genommen wird. Er tritt also als **Beispiel: Das soziale Netz** Verteidiger für die sozial Schwachen ein, tritt ihnen aber zugleich als Ankläger gegenüber, wenn sie diesen Einsatz missbrauchen.

Ein guter Mitarbeiter im Bau von Industriezelten ist durch seine zuverlässige Arbeit bekannt. Seit einigen Wochen mehren sich allerdings die Beschwerden von Kunden, weil es in den Zelten durchregnet. Der Inhaber des mittelständischen Betriebes muss seinen Mitarbeiter zur Rede **Beispiel: Nachlassen der Arbeitsleistung** stellen. Wie kann er dabei geschickt vorgehen, ohne allzu viel Porzellan zu zerschlagen?

1. Er gibt dem Betroffenen Gelegenheit, seine Sicht der Dinge zu beschreiben oder sich zu entschuldigen.
2. Er dankt zunächst dem Betroffenen für seine jahrelange zuverlässige Arbeit.
3. Er informiert sich vorab genau, was die Ursache für den Leistungsabfall sein könnte. Dabei bestätigt sich seine Vermutung: Die Tochter des Mitarbeiters liegt seit Wochen auf Leben und Tod im Krankenhaus, hervorgerufen durch einen Verkehrsunfall, den ihr Vater verschuldete.

Wenn der Mitarbeiter merkt, dass der Chef nicht zuerst als Ankläger auftritt, sondern zugleich als Verteidiger, der die Entlastungsgründe kennt, wird er weit eher bereit sein, über seine Fehler zu sprechen und nach sinnvollen Lösungen zu suchen. In unserem Fall bietet der Chef seinem Mitarbeiter eine Gesprächstherapie an, in der seine tief empfundene Schuld seiner Tochter gegenüber aufgearbeitet wird. Im Gegenzug erklärt sich der Mitarbeiter bereit, die Fehler an den Industriezelten kostenlos (genauer: durch Nichteinfordern früherer Überstunden) zu beheben und sich bei den Kunden persönlich zu entschuldigen. Der Inhaber kann die Sache nicht einfach auf sich beruhen lassen. Er würde damit nur seiner Firma, aber auch allen seinen Mitarbeitern Schaden zufügen. Dennoch: Vorwürfe und Anklage *allein* können seiner Firma ebenfalls schaden. Denn sein Mitarbeiter könnte die Anklage angesichts seiner Situation und seiner jahrelangen Zuverlässigkeit als undankbar und überzogen empfinden, den Mut verlieren und einfach kündigen. In diesem Fall wäre der Firma ein weiterer Schaden durch den Verlust eines guten Mitarbeiters entstanden; und dem Mitarbeiter wäre wahrscheinlich auch nicht geholfen.

4.5 Existentiell führen heißt eine Persönlichkeit sein

Zum existentiellen Bereich gehört natürlich auch die Tatsache, dass jeder gemäß seiner Persönlichkeit alles ein wenig anders gewichtet. Es gibt eben keine zwei Menschen, die die Welt und jede konkrete Situation völlig gleich einschätzen.

Aus der Sicht einer christlichen Ethik gibt es keine lupenreine Entscheidung, die mit der Persönlichkeit und Lebensgeschichte des Entscheidenden überhaupt nichts zu tun hätte. Zwar ist mit dem Hinweis auf die „Subjektivität" jeder Entscheidung nicht jeder normative Ausgangspunkt und nicht jede situative Güterabwägung abzulehnen, aber umgekehrt wird jede Entscheidung – und sei sie noch so grundsätzlich und von Werten bestimmt – von konkreten Menschen gefällt, die eine eigene Persönlichkeit sind, einen eigenen Charakter, eigene Erfahrungen und eine eigene Vorgeschichte haben.

Wenn wir die Persönlichkeit ansprechen, so ist hier nicht der Platz, um Bedeutung und Geschichte der gewichtigen Begriffe „Person" und „Persönlichkeit" nachzuzeichnen. Wir wollen von dem Bonner Ethiker Ulrich Eibach, der dazu die Tradition aufnimmt, die treffende Unterscheidung zwischen Person und Persönlichkeit übernehmen.[179] Person ist grundsätzlich jeder Mensch, weil er als Ebenbild Gottes zum Gegenüber Gottes und des Menschen geschaffen wurde. Gleich in welchem Zustand sich dieser Mensch befindet, ob als Kind im Mutterleib, als Koma-Patient oder als geistig Behinderter, ihm kommt Menschenwürde zu. Persönlichkeit hingegen ist das, was diese Person tut und sagt und anderen Personen gegenüber zum Ausdruck bringt. Die Würde des Menschen liegt in seinem Person- und Menschsein an sich, nicht in seiner Persönlichkeit, mit der wir ihn kennen lernen. Und doch ist es die je eigene Persönlichkeit, die Menschen voneinander unterscheidet, in der all das zum Tragen kommt, was Menschen an Aussehen, Gaben, Fähigkeiten, Wissen, Wollen, Charakter, Erfahrung und Zielen voneinander unterscheidet.

Gott will die unverwechselbare Persönlichkeit

Viele Menschen haben allerdings die seltsame Vorstellung, dass Religion und Kirche die Entfaltung der Persönlichkeit eher einschränken als fördern. Will Gott etwa unsere Persönlichkeit zerstören, unsere Besonderheiten und Eigenarten einebnen, unsere ganz spezielle Sicht der Dinge reglementieren? Bedeutet normative Ethik möglicherweise, auf die eigene Persönlichkeit und die anderer keine Rücksicht zu nehmen? Irgendetwas kann an dieser Vorstellung nicht stimmen! Nach biblischem Zeugnis ist es doch gerade Gott, der uns als unverwechselbare Persönlichkeiten geschaffen hat und der die ungeheure Vielfalt liebt. Es ist der Schöpfer, der durch die genetischen Ordnungen dafür

---

[179] Ulrich Eibach, Sterbehilfe – Tötung aus Mitleid. Euthanasie und „lebensunwertes" Leben, Wuppertal 1998.

sorgt, dass es keinen Menschen wirklich zweimal gibt. Ja es gilt sogar: Je mehr uns Gott von unserem sündhaften Verhalten und aus Abhängigkeiten befreit, umso deutlicher kommt unsere unverwechselbare Persönlichkeit zum Vorschein. Nicht umsonst werden Christen im Neuen Testament immer wieder aufgefordert, mit ihren besonderen Gaben zu dienen und in der Gemeinde keine Gleichmacherei, sondern die Vielfalt der Gaben gelten zu lassen.

Zerstörung der Persönlichkeit bringt die Bibel immer mit Zwang in Verbindung. Zwang – bis hin zur Besessenheit – gilt als Kennzeichen des Teufels; Gott arbeitet nicht mit Zwang. Der Teufel fragt uns nicht, unterstützt uns nicht, hilft uns nicht, sondern verführt uns zur Sünde, ehe wir zum Nachdenken gelangt sind. Gott hingegen schenkt uns alles; er möchte die echte Persönlichkeit, die sich selbstbeherrscht, nüchtern und ruhig für das Angebot und den Weg Gottes entscheidet und diesen in Gottes Kraft geht.

Nur der Teufel regiert Menschen, indem er sie ihrer Persönlichkeit beraubt, wie dies in der Heilung des besessenen Geraseners (Mt 8,28-34; Mk 5,1-20; Lk 8,26-39) deutlich wird. Hier war ein Mensch durch die Dämonen völlig seiner Persönlichkeit beraubt. Er kleidete sich nicht, lebte in Höhlen, sprach mit niemandem und griff jeden an (Mk 5,3-5; Lk 8,27.29). Jesu Wort der Befreiung bewirkte, dass seine Persönlichkeit wieder zum Vorschein kam: er aß wieder normal, kleidete sich und redete ganz vernünftig mit anderen, wie die Außenstehenden erschrocken feststellten (Mt 5,15: „... und sahen den Besessenen, wie er dasaß, bekleidet und vernünftig ... und sie fürchteten sich"; Lk 8,35: „... und fanden den Menschen, von dem die bösen Geister ausgefahren waren, sitzend zu den Füßen Jesu, bekleidet und vernünftig, und sie erschraken").

Sicher handelt es sich hier um das extremste Beispiel der Zerstörung der Persönlichkeit (nicht der eigentlichen Person und Menschenwürde), und dementsprechend ist auch der Weg der Befreiung durch Exorzismus eine Ausnahmeerscheinung. Dennoch illustriert dies deutlich: Gott möchte die eigenverantwortlich handelnde, unverwechselbare Persönlichkeit in uns zum Vorschein kommen lassen und ggfs. unter verschütteten Schichten wieder hervorholen.

Das Beispiel der Offenbarung Gottes in seinem Wort durch Persönlichkeiten

Dass Gott die unterschiedlichen Persönlichkeiten schätzt und in sein Werk einbezieht, zeigt die Entstehung der Bibel sehr deutlich. Gott lässt sein Wort nicht fertig vom Himmel fallen oder durch direktes Diktat oder gar unter Zwang schreiben, wie dies bei vielen mechanisch inspirierten Offenbarungen in den Religionen bis hinein in den Bereich christlicher Sekten der Fall ist.[180] Wo die Inspiration einer heiligen Schrift damit begründet wird, dass die menschlichen Verfasser völlig willenlose Werkzeuge waren, gar unter Zwang schrieben, liegt kein biblisch-christliches Inspirationsverständnis vor. Wenn Gottes Geist durch Menschen wirkt, macht er sie zu Persönlichkeiten, auch beim Abfassen seines Wortes. Paulus hält es für selbstverständlich, dass Propheten sich und die Offenbarung unter Kontrolle haben: „Die Geister der Propheten sind den Propheten untertan" (1Kor 14,32). Die Bibel ist nicht von Marionetten mechanisch geschrieben worden, sondern von Persönlichkeiten, deren Unverwechselbarkeit gerade in ihren Schriften zum Ausdruck kommt. Wer wollte denn auch meinen, das Johannesevangelium hätte genauso gut von Paulus geschrieben werden können und die Klagelieder von König Salomo? Göttliche Inspiration übergeht nicht die menschliche Persönlichkeit, sondern führt sie zu ihrer vollen Entfaltung.

Deswegen gibt es kein religiöses Buch, das seine eigene rein menschliche Entstehungsgeschichte derartig ausbreitet und für wesentlich hält wie die Bibel. Die Apostel Petrus und Paulus treten uns z.B. als unverwechselbare Persönlichkeiten entgegen, deren Lebensgeschichte, Charakter, Stil und Interessen kaum etwas gemeinsam haben. Doch ihre Schriften finden sich in der Bibel. Am Ende des 2. Petrusbriefes heißt es sogar: „... wie auch unser geliebter Bruder Paulus in der ihm gegebenen Weisheit euch geschrieben hat, wie auch in allen seinen Briefen, wenn er von solchen Dingen spricht. In ihnen ist etliches schwer zu verstehen, was die Unwissenden und Unbefestigten wie auch die anderen Schriften zu ihrem eigenen Verderben verdrehen" (2Petr 3,15-16). Der impulsive Petrus, der selten ein Thema ausführlicher anspricht, hat Mühe, die Paulusbriefe zu verstehen, da Paulus selten ein Thema kurz abhandelt. Und dennoch ist es für Petrus keine Frage, dass Paulus im Namen Gottes spricht.

---

[180] Vgl. z.B. Christine und Thomas Schirrmacher, Mohammed – „Prophet" aus der Wüste, Berneck 1987 (3. Auflage), S. 37-39.

Die Lebensgeschichte Jesu wird im Neuen Testament sogar von vier verschiedenen Persönlichkeiten in den vier Evangelien aus je ihrem unverwechselbaren Blickwinkel geschildert, und das war der frühen Kirche nicht peinlich, sondern wertvolles Gut, das es zu tradieren galt. Es gibt eben keine „zensierte Einheitsgeschichte" Jesu, sondern die von Charakter, Erfahrung und Interesse der Autoren mitbestimmten Berichte.

Die Bedeutung der Erfahrung für das Verständnis der Offenbarung Gottes

Ein interessantes Kapitel ist nun die Verschränkung des Studiums der „normativen" Heiligen Schrift mit unserer Persönlichkeit und Erfahrung. So richtig der Wunsch ist, die Bibel nicht durch die Brille unserer eigenen Weltanschauung lesen zu wollen, so unvermeidlich ist es doch. Ich wähle dafür das Beispiel der Heiligen Schrift, denn wenn sie trotz ihres normativen Charakters ohne unsere Persönlichkeit nicht gelesen werden kann, wie viel mehr gilt dies dann für andere Quellen unserer ethischen Entscheidung!

John M. Frame hat in seinem Buch über die Erkenntnis Gottes[181] darauf hingewiesen, dass jede – auch die biblisch-theologische Erkenntnis – eine normative, eine situative und eine existentielle Seite hat. Erkennen und Wissen ist gerade in der Bibel eine Frage der Bundesbeziehung. Deswegen spielt die Person des Theologen für die Auslegung der Bibel im Guten wie im Schlechten eine große Rolle.[182] Arne Völkel schreibt deswegen zu Recht: „Nur erfahrene Menschen können Theologie treiben, nur erfahrene Christen theologisch reflektieren."[183]

Deswegen gilt es sowohl der Sicht zu wehren, wir seien so hoffnungslos von unserer Kultur, von unseren Erfahrungen und unserem Denken bestimmt, dass wir aus der Bibel nur unsere eigenen Gedanken herauslesen, wie auch jener Sicht, irgendein Mensch könne die Bibel so

---

[181] The Doctrine of the Knowledge of God. A Theology of Lordship, Phillipsburg (NJ) 1987.

[182] Ebd., S. 319-346. Siehe auch Bernhard Honsel, „Biographie und Theologie", in: Diakonia 17 (1986) 2: 77-84.

[183] Arne Völkel, Erfahrung als Voraussetzung theologischer Erkenntnis, Forum Christsein heute, Nr. 76, Witten o.J., S. 4. In der Arbeit von Völkel ist besonders auf folgende Abschnitte hinzuweisen: „Erfahrung ist verarbeitendes Verstehen" (S. 4), „Leiderfahrung als Gotteserfahrung" (S. 5-6); „Gehorsam als Gotteserfahrung" (S. 6-7) und „Weisheit und Erfahrung" (S. 7). Zur Bedeutung der Erfahrung für die theologische Arbeit vgl. weiter Gerhard Ebeling, „Die Klage über das Erfahrungsdefizit der Theologie als Frage nach ihrer Sache", in: Wort und Glaube 3 (1975), S. 5-28; Gerhard Ruhbach (Hg.), Glaube, Erfahrung, Meditation, München 1977, S. 93-99; Martin Honecker, Einführung in die Theologische Ethik, Berlin 1990, S. 187-202.

gänzlich verstehen, dass das, was er aus der Bibel herausliest, ebenso unmittelbar für alle Welt verbindlich ist wie Gottes Wort selbst.

Gott will, dass wir sein Wort autoritativ verkündigen, und zugleich, dass wir demütig bleiben und uns der Korrektur durch andere Christen, durch die Gemeinde und die gesamte Kirche stellen und nie aufhören zu lernen. Der wirklich Weise weiß eben, dass er nie ausgelernt hat, und das gilt auch und gerade für das Studium der Heiligen Schrift.

Allein schon die Tatsache, dass wir die Bibel und die biblische Lehre in unsere Muttersprache übersetzen müssen, sorgt dafür, dass unsere Verkündigung von uns getönt ist. Dass wir die Bibel nur im Licht unseres eigenen Wissens und unserer eigenen Erfahrung studieren können, obwohl sie zugleich dieses Wissen und diese Erfahrung übersteigt und verändert, erlebt jeder Christ im täglichen und sonntäglichen Umgang mit der Heiligen Schrift.

Vermögensberater ein und derselben Beratungsfirma können und werden einem jungen Ehepaar von selbständigen Unternehmern, das das erste Kind erwartet, sehr unterschiedliche Empfehlungen geben, wie die beste Vorsorge aussieht. Das wird sehr viel mit ihrer eigenen Lebensgeschichte zu tun haben. Ein durch einen Arbeitsunfall betroffener, angestellter Vermögensberater wird *Beispiel aus dem wirtschaftlichen Bereich* sicher eher zu konservativer Absicherung neigen, die auch die nahe Zukunft einbezieht. Ein selbständiger, junger Unternehmensberater wird eher die ferne Zukunft (Ausbildung der Kinder, Alterssicherung) im Blick haben und risikostärkere Absicherungen empfehlen. Die Empfehlungen der verschiedenen Berater sind nicht unbedingt besser oder schlechter. Schlecht ist es aber, wenn die Berater nicht sehen wollen, wie stark ihre eigene Geschichte mitspricht. Eine gute Vermögensberaterfirma wird von sich aus einen anderen Berater anbieten, wenn sie merkt, dass sich die Erfahrung des Beraters zu stark von der des Kunden unterscheidet.

4.6 Existentiell führen heißt „einsam" entscheiden

Auch wenn alle normativen, situativen und existentiellen Faktoren einer Entscheidung berücksichtigt worden sind, verbleibt der existentiellste aller Faktoren die Entscheidung selbst. Jeder muss sich letztlich „in seinem Herzen" ganz persönlich entscheiden und damit die Verantwortung für seine jeweilige Entscheidung übernehmen. Niemand kann ihm diese Entscheidung abnehmen. Gerade bei einer schwierigen Güterabwägung kann es eine einsame Führungsentscheidung werden, selbst wenn ihr viele Gespräche und Beratungen vorangegangen sind.

Die letzte, innerste, vor unserem Gewissen gefällte Entscheidung macht sie erst eigentlich zu einer Entscheidung. Was bisher Überlegung war und immer noch unter Vorbehalt der Umkehrbarkeit stand, wird nun unumkehrbar. Die Entscheidung wird zum Teil meiner Existenz, meiner persönlichen Geschichte, für die ich die volle Verantwortung trage, im Guten wie im Schlechten: sowohl wenn die Folgen besser als erwartet sind, als auch wenn sie sich schlechter als angenommen gestalten.

Das extremste Beispiel einer einsamen Entscheidung ist die Entscheidung Jesu, für uns am Kreuz zu sterben (Lk 22,42-45). Direkt vor seiner Gefangennahme rang Jesus – schweißgebadet – mit dem Tod (Lk 22,44). Dabei war völlig klar, wie die Entscheidung ausfallen würde: „Vater ..., nicht mein, sondern dein Wille geschehe" (Lk 22,42). Und Jesus war aus keinem anderen Grund auf die Welt gekommen (Mt 20,28), als diesen Willen seines Vaters zu erfüllen – freiwillig. Und dennoch: Erst jetzt wurde aus dieser normativ und situativ längst klaren Entscheidung eine existentielle Entscheidung, die Jesus bis ins innerste Wesen erschütterte.

Die Heilige Schrift will uns davor bewahren, die verschiedenen Aspekte der Ethik gegeneinander auszuspielen. Wer nur die Situationsabwägung gelten lässt, wird letztlich jeden normativen Wert aushebeln können. Wer nur die Normen hochhält, wird in vielen Situationen nicht das lösende Wort sprechen können. Zur Berufung auf Normen gehört die existentielle Übernahme von Verantwortung im Gewissen, so wie umgekehrt eine Berufung auf das Gewissen ohne jedwede höhere Normen selbst einem Adolf Hitler möglich war.

Als Christen müssen wir uns bei allen Entscheidungen 1. unsere grundlegenden Werte und Ordnungen bewusst machen, 2. Situationen so gut wie möglich erfassen und abwägen und 3. daraus eine verantwortliche Entscheidung fällen, die berücksichtigt, dass die Beziehungen von Menschen untereinander ein kostbares Gut sind.

Bestimmt hilft uns – gerade bei schwer wiegenden Entscheidungen – das tröstliche Wort aus Jakobus 1,5: „Wenn jemandem unter euch Weisheit fehlt, der bitte Gott, der jedem gerne gibt."